O legado de um líder

curadoria sementes

O legado de um líder
Lições da vida de Davi

DOUGLAS LAMP

MUNDO CRISTÃO

Copyright © 2023 por Missão ALEF
Publicado por Editora Mundo Cristão

Os textos bíblicos foram extraídos da *Nova Versão Transformadora* (NVT), da Tyndale House Foundation.

Todos os direitos reservados e protegidos pela Lei 9.610, de 19/02/1998.

É expressamente proibida a reprodução total ou parcial deste livro, por quaisquer meios (eletrônicos, mecânicos, fotográficos, gravação e outros), sem prévia autorização, por escrito, da editora.

Imagem de capa: Susan Wilkinson / Unsplash

CIP-Brasil. Catalogação na publicação
Sindicato Nacional dos Editores de Livros, RJ

L234L
  Lamp, Douglas
   O legado de um líder: lições da vida de Davi / Douglas Lamp. - 1. ed. - São Paulo: Mundo Cristão, 2023.
   136 p.

   ISBN 978-65-5988-251-9

   1. Davi, Rei de Israel. 2. Histórias bíblicas. 3. Discipula-do (Cristianismo). 4. Liderança cristã. I. Título.

23-85791
CDD: 262.1
CDU: 2-726

Meri Gleice Rodrigues de Souza - Bibliotecária - CRB-7/6439

Categoria: Igreja
1ª edição: outubro de 2023

Edição
Daniel Faria

Revisão
Ana Luiza Ferreira

Produção
Felipe Marques

Diagramação e capa
Marina Timm

Publicado no Brasil com todos os direitos reservados por:

Editora Mundo Cristão
Rua Antônio Carlos Tacconi, 69
São Paulo, SP, Brasil
CEP 04810-020
Telefone: (11) 2127-4147
www.mundocristao.com.br

Sumário

Prefácio	7
Introdução	15
1. Ouça o chamado de Deus	21
2. Prove sua coragem e determinação	31
3. Nutra amizades e encontre mentores	43
4. Reconheça a importância da autoridade espiritual	59
5. Cultive intimidade com Deus	67
6. Fortaleça seu caráter espiritual	79
7. Invista tempo e energia na família	91
8. Prepare outros líderes para formar uma equipe	97
9. Pratique compaixão e misericórdia	108
10. Antecipe seu legado	119
Palavras finais	129
Referências bibliográficas	132
Sobre o autor	135

Prefácio

> Como o ferro afia o ferro, assim um amigo afia o outro.
>
> Provérbios 27.17

O livro que você tem em mãos tem por intuito proporcionar recursos e ideias de alta aplicabilidade que possam contribuir para "afiar" sua vida e ampliar seu impacto no reino de Deus — intuito esse que tantas vezes constatei na prática em minha caminhada diária com o autor, o missionário norte-americano Douglas Lamp.

Douglas nasceu em 11 de fevereiro de 1956, em Milwaukee, Wisconsin, nos Estados Unidos, a mesma cidade de nascimento de sua esposa, Barbara. Ambos se conheceram na Bolívia em 1982, quando já eram missionários. O casal namorou à distância (através do rádio da base missionária!), noivando em julho de 1985 e casando-se em 27 de dezembro do mesmo ano. Chegaram ao Brasil em julho de 1994, já com três filhos. Estudaram durante quatro meses o português em Campinas, no interior de São Paulo, mudando-se em seguida para Cuiabá, onde plantariam duas igrejas e dariam aulas em dois seminários.

Em 2004, Douglas e Barbara passaram a integrar a equipe de missionários da Sepal, com o coração voltado ao cuidado de pastores, missionários e suas famílias. Após dois anos vivendo em São Paulo, mudaram-se para Recife, onde morariam por dois anos. Depois, retornaram a São Paulo por outros quatro anos, a fim de que seus filhos pudessem concluir o ensino médio.

Nossos primeiros encontros se deram ainda no período em que Douglas e sua família residiam em Recife. Pude ouvi-lo em um seminário de missões urbanas, no qual apresentou um material tão rico e prático que se tornou uma ferramenta a qual eu recorreria repetidas vezes nos anos seguintes em aulas e palestras sobre o tema. Depois, em São Paulo, ele me conduziu em uma visita à chamada "Favela do Buraco Quente", na qual meu hoje colega de missão John Macy desenvolvia um precioso ministério de desenvolvimento comunitário. A simplicidade de Douglas e seu compromisso em andar e servir entre os mais necessitados tocaram-me profundamente.

O casal já havia se apaixonado pelo Nordeste e seus muitos desafios, e a partir do ano de 2012 fixaram moradia em Natal, no Rio Grande do Norte, de onde desenvolveram seu ministério nos anos seguintes, dando suporte no pastoreio e encorajamento de pastores e mulheres em ministério e apoiando diversas iniciativas missionais voltadas ao sertão nordestino e a comunidades urbanas.

A partir de então, ocorreram duas coisas importantes: Douglas passou a servir conosco na diretoria da Missão ALEF, função que ocupou até perto de sua partida para a eternidade, e também se tornou meu mentor.

Na Missão ALEF, sua participação nos encorajou a enxergar mais longe, a trabalhar mais arduamente e com excelência a fim de alcançar a visão que nos fora dada pelo Senhor. Em nossas reuniões (para as quais frequentemente trazia deliciosos *cookies* ou *brownies* preparados por Barbara), Douglas nos levava a refletir sobre como nossas decisões nos aproximariam de nosso propósito como Missão. Aliás, ele próprio nos ajudou a escrever essa visão: *Igrejas saudáveis trabalhando juntas para transformar comunidades, visando a glória de Deus.*

Um dos projetos ao qual dedicou muito de sua energia foi a Semana de Capacitação em Desenvolvimento Comunitário, nosso treinamento intensivo para líderes chamados a servir em contextos empobrecidos. Por vários anos, Douglas serviu na coordenação da formação, fazendo mapeamentos de comunidades, selecionando professores, aprimorando conteúdos. Em um desses anos, andávamos juntos em Felipe Camarão, bairro da periferia de Natal, preparando a etapa prática, quando Douglas notou um menino pequeno já com os dentes corroídos pela cárie. Foi perceptível: a cena partiu seu coração.

Seu legado permanece vivo na Missão ALEF, por meio do amor às comunidades mais vulneráveis e do compromisso de mentorear e cuidar de líderes.

Como meu mentor pessoal, seria difícil resumir seu impacto sobre minha vida.

"Leandro, vamos fazer furos!" Era esse seu convite para mim, um jovem recém-casado: ajudá-lo a instalar espelhos nos banheiros da casa na qual haviam acabado de se instalar em nossa cidade. Falávamos sobre vida e ministério ao som da furadeira, e também ao redor da mesa com uma xícara de café. Assim, e de várias outras maneiras, Douglas ensinou-me o valor do serviço e do cuidado com a vida e o lar.

Aprendi que discipulado não se faz lendo apostilas, mas muitas vezes enquanto se abre furos nas paredes! Em nossa mentoria semanal (toda quarta-feira, pontualmente às 13h) vivíamos um misto de desafio, encorajamento e inspiração.

Douglas foi acometido de Covid-19 no primeiro semestre de 2021, quando se preparava para retornar a seu país de origem após 35 anos de dedicação ao ministério missionário na Bolívia e no Brasil. O último áudio seu que recebi — já com a voz fraca e muita tosse — por meio de um aplicativo de mensagens foi um esforço para orar pela esposa de um pastor integrante de uma das redes missionais ligadas à Missão ALEF em Natal, também acometida pela Covid-19.

Seu quadro veio a agravar-se, levando-o a permanecer internado por longas semanas. Pastores das mais diversas denominações revezavam-se para acompanhá-lo no hospital, tão logo isso foi possível, enquanto lidava com as sequelas deixadas pelo vírus. Após uma aparente melhora, a família decidiu levá-lo aos Estados Unidos, através de uma UTI aérea. Nesse dia, uma multidão de pastores e líderes compareceu ao hospital para despedir-se daquele que foi para muitos um mentor, um amigo e um encorajador. Uma despedida digna de um missionário que dedicou sua vida ao Brasil e à America Latina e que foi transmitida para todo o estado pela maior rede de televisão local e para todo o Brasil pelas redes sociais. Um grande impacto alcançado, graças a um silencioso ministério de discipulado de líderes — uma vida de cada vez.

Em 28 de julho de 2021, o dia se iniciaria com a notícia de sua partida para estar com o Senhor. Fomos tomados por um misto de gratidão por sua linda vida de dedicação ao reino e profunda tristeza causada por sua ausência. Foram muitos os testemunhos de pastores, missionários e líderes das mais diversas denominações e organizações impactados por sua vida.

Somos resultado daqueles que investiram em nós. O impacto das pessoas que mais nos abençoaram parece tornar-se ainda mais perceptível quando elas se vão. Para onde quer que olhemos em nossa família e ministério, vemos as marcas de nossa caminhada com Douglas. Como nos insta o autor da carta aos hebreus: "Pensem em todo o bem que resultou da vida deles e sigam o seu exemplo na fé" (Hb 13.7).

Este livro é parte de seu legado. Para escrevê-lo, Douglas se autoimpôs um retiro intencional, a fim de colocar no papel as ideias que você lerá a seguir, fruto de sua caminhada de décadas com líderes e de sua capacidade únicas de fazer excelentes (e inquietantes!) perguntas para auxiliar na aplicação dos princípios bíblicos.

O que temos aqui é um manancial de sabedoria prática com lições inestimáveis para líderes que anseiam deixar como legado uma vida e ministério frutíferos. Leia com atenção cada capítulo para refletir sobre as ferramentas e os exercícios propostos. Faça anotações e comprometa-se com os passos práticos. Compartilhe *insights* com sua equipe. Suba cada um dos "degraus" propostos nas páginas a seguir com toda a dedicação.

Mais importante do que como começamos é como terminamos. Ao final de nosso ministério, o que permanecerá são as vidas que alcançamos mediante relacionamentos autênticos de discipulado e serviço. Que vivamos de tal modo a poder terminar bem a jornada e bradar a plenos pulmões as palavras do apóstolo Paulo: "Lutei o bom combate, terminei a corrida e permaneci fiel. Agora o prêmio me espera, a coroa da justiça que o Senhor, o justo Juiz, me dará no dia de sua volta" (2Tm 4.7-8).

Lidere com o fim em mente. Agora é a hora de construir o seu legado!

Leandro Silva
Presidente da Missão ALEF
e missionário da Action International Ministries

Introdução

Nunca imaginei que escrever um livro constituiria tamanho desafio.

Diante da quantidade de obras publicadas todos os meses, das mais diversas temáticas, imaginei que não pudesse ser algo assim tão difícil. Todavia, essa tarefa arrastou-se por mais de um ano. Primeiro, foi a exiguidade de tempo e, depois, a falta de disciplina para a tarefa a que me propunha. Até que, em certa ocasião, um mentor sugeriu que eu separasse alguns dias com o propósito de me dedicar exclusivamente à escrita do livro. De fato, o retiro ajudou. Contudo, ainda considero um desafio e tanto o exercício de organizar minhas ideias em formato de texto, de tal maneira que outros possam captar algo de meu entusiasmo para o ministério. Na realidade, seria muito pretensioso imaginar-me capaz de destilar em poucas páginas algo das experiências que vivenciei e das lições que aprendi no ministério que exerci em terras sul-americanas, ao longo dos anos. Peço desculpas por um sonho tão audacioso.

Creio que cada um de nós tem a oportunidade de cumprir bem a missão de Deus para nossa vida e, por fim, terminar bem quando chega o momento de parar. Com este escrito desejo sinalizar alguns dos marcadores que identifiquei ao longo do ministério e que me servem como lições a serem aprendidas e observadas ainda hoje.

Quando eu era mais jovem e estava começando no ministério, a vida apontava para um futuro repleto de possibilidades. Quarenta anos mais tarde, já não sou tão jovem e percebo que a vida passa depressa demais. Entendo, também, que houve lições ao longo do caminho que eu precisava aprender para que pudesse me manter em boa forma e, assim, permanecer na corrida ministerial. Duas atividades que agora incluo em minha agenda permanente são a pesca oceânica e os passeios de bicicleta. Diversão e saúde.

Creio no poder da palavra escrita, em sua capacidade de transmitir ideias relevantes e transformadoras. Sou de uma geração que só conhecia livros de papel com letras impressas em tinta. Livros que se podia manusear e amontoar em prateleiras. Livros que custavam caro e que necessitavam de cuidados especiais para ser preservados contra água, fogo e cupim.

Crer que a Palavra de Deus — escrita e preservada para nós — tem poder para transformar a vida do leitor ou ouvinte é algo que me dá esperança. Eu vivo com a esperança de que o Espírito Santo pode usar as experiências e os eventos nas páginas das Escrituras para ajudar-nos a entender como Deus opera em nossa vida hoje.

Confesso que sou curioso e que tenho muitas perguntas em minha mente. Quando me sento para conversar com outro líder, seja missionário, pastor ou líder de ministério, essa curiosidade é ativada automaticamente. Como foi seu chamado e como descobriu seus dons espirituais? Quem foi a pessoa que Deus colocou em sua vida como mentor? Quando foi a primeira vez que você se deu conta de que Deus o estava convidando para ser líder? Como descobriu o lugar em que Deus o colocou para servir a causa do evangelho? Que ferramentas e recursos encontrou para manter-se animado e renovado no ministério? De que maneira Deus tem usado sua vida para abençoar outras pessoas?

Posso imaginar quão interessante seria explorar essas perguntas sentado entre amigos e colegas de ministério. Creio que cada pessoa tem uma história importante para contar e que pode servir de encorajamento àqueles que estão há tempos no ministério e também àqueles estão dando os primeiros passos.

Ao ler nas Escrituras sobre homens e mulheres de Deus que passaram por experiências semelhantes àquelas que enfrentamos hoje, ganho uma nova perspectiva para prosseguir fielmente no ministério e em minha caminhada com Cristo. Espero que essa venha a ser a experiência de meus leitores também. A vida de Davi demonstra o exemplo de um jovem escolhido por Deus que se tornou um grande líder e deixou um legado que foi registrado nas páginas da Bíblia Sagrada.

As experiências e aventuras de Davi ilustram como Deus quer desenvolver habilidades e valores nos líderes cristãos hoje. Por isso, para este livro escolhi dez passagens da vida desse famoso rei de Israel que fornecem princípios por meio dos quais Deus desenvolveu a liderança no caráter de Davi. Ao identificar os princípios e valores bíblicos evidenciados em sua história, refletiremos sobre como essas lições se aplicam atualmente no cotidiano pessoal e eclesiástico de pastores, missionários e líderes ministeriais.

Cada capítulo começa com uma reflexão bíblica sobre uma dessas lições, seguida por algumas aplicações práticas. Reconheci essas mesmas lições em meu ministério e, com frequência, elas chegaram como testes de caráter. Espero que este material ajude outros colegas a encontrar encorajamento e resiliência para completar bem a carreira que lhes está proposta e, assim, contribuir para seu legado.

• • •

Eu era muito jovem — e solteiro — quando, em 1979, fui pela primeira vez para a Bolívia servir em comunidades rurais do povo chiquitano e quéchua. Seis anos depois, conheci minha esposa, Barbara, com quem compartilho três filhos e mais de três décadas de casamento. Devo muito a Barbara por seu exemplo como companheira de ministério, escritora e encorajadora. E também pelas aventuras ministeriais que atravessam os anos, primeiramente nas comunidades rurais na Bolívia, depois em diversas cidades e comunidades, e agora no Brasil. Obrigado, Barbara, por uma vida plena e aventureira juntos!

Minha gratidão, ainda, pelo exemplo aprendido com muitos pastores e líderes que compartilham comigo o desejo de servir ao Senhor com excelência e terminar bem o ministério. O livro que você tem em mãos é o que entendo ser minha pequena contribuição de encorajamento a esses preciosos servos do Senhor, especialmente aos muitos com quem servimos e dividimos experiências ao longo dos anos.

1

Ouça o chamado de Deus

Davi é chamado por Deus
(Leia 1Samuel 16)

> Enquanto Davi estava entre seus irmãos, Samuel pegou a vasilha com óleo que havia trazido e o ungiu. A partir daquele dia, o Espírito do SENHOR veio poderosamente sobre Davi. Depois disso, Samuel voltou a Ramá.
>
> 1Samuel 16.13

Na formação da nação de Israel, Deus procurava líderes "segundo o coração dele" (1Sm 13.14) para conduzir seu povo. Depois da morte de Moisés e Josué, o Senhor chamou vários juízes para liderar o povo de Israel, e eles serviram por um tempo limitado, com diferentes graus de sucesso, no intuito de organizar as tribos e livrá-las de seus inimigos. O livro de Juízes relata esse período e termina com a triste frase: "Naqueles dias, Israel não tinha rei; cada um fazia o que parecia certo a seus próprios olhos" (Jz 21.25).

Samuel foi chamado para servir como juiz/profeta no período de transição depois dos juízes. Foi ele quem ungiu Saul rei de Israel quando o povo pediu um rei, e foi ele também quem denunciou Saul por não ter obedecido ao Senhor. Samuel identificou a qualidade de líder que Deus procurava, isto é, alguém que fosse "segundo o coração dele", que obedecesse aos mandamentos divinos. No Novo Testamento foi o apóstolo Paulo quem também descreveu Davi como sendo para Deus um "homem segundo o meu coração", que "fará tudo que for da minha vontade" (At 13.22).

O chamado de Deus a Davi registrado em 1Samuel 16 revela alguns fatores relevantes para o chamado ao ministério hoje. Samuel foi direcionado pelo Senhor à casa de Jessé em Belém para ungir um de seus filhos como o futuro rei, mas Davi não estava presente (1Sm 16.11). O profeta percebeu que nenhum dos filhos correspondia ao chamado de Deus, e que a aparência física ou as qualidades naturais não eram as medidas que Deus usa (1Sm 16.7). Antes, Deus indica que vê (examina) o coração da pessoa quando a chama para exercer a liderança.

Davi foi literalmente chamado de entre os apriscos das ovelhas (Sl 78.70). Seu coração íntegro e suas habilidades como pastor dedicado às ovelhas — condições do interior da pessoa — foram determinantes para sua escolha como futuro rei de Israel. Em seguida, Davi foi ungido com óleo como sinal da presença e do poder do Espírito do Senhor sobre sua vida e ministério (1Sm 16.13). O chamado de Deus a Davi se deu sem muita cerimônia ou elegância, mas foi confirmado pela presença do juiz/profeta Samuel e do Espírito Santo, mediante a unção com óleo. Essa história encontra paralelos na descrição que o apóstolo Paulo faz dos cristãos de Corinto e sua vocação:

> Lembrem-se, irmãos, de que poucos de vocês eram sábios aos olhos do mundo ou poderosos ou ricos quando foram chamados. Pelo contrário, Deus escolheu as coisas que o mundo considera loucura para envergonhar os sábios, assim como escolheu as coisas fracas para envergonhar os poderosos.
>
> 1Coríntios 1.26-27

Assim também foi o chamado de Davi.

Como entender o chamado e a vocação de Deus para líderes hoje

Quando as Escrituras mostram pessoas sendo chamadas por Deus, é importante reconhecer que esse chamado é acompanhado por uma missão ou vocação. Essas duas palavras são quase intercambiáveis em seu uso, embora seja uma tendência nossa separar e diferenciar entre as "chamadas" e as "vocacionadas". Qual é, afinal, a diferença nos relatos bíblicos?

Em Efésios 1.4-5, Paulo descreve a escolha soberana de Deus como se fosse um chamado, e descreve a finalidade dessa escolha como a vocação de "sermos santos e sem culpa diante dele". As duas palavras, "vocação" e "chamado", se encontram juntas em Efésios 4.1 e 2Timóteo 1.9, como se uma dependesse da outra. Ao que parece, portanto, o chamado de Deus é o convite ao qual respondemos. A vocação, por sua vez, é algo que estamos direcionados para ser e fazer.

O exemplo de Moisés e seu encontro com Deus no arbusto em chamas ilustra como o chamado de Deus está conectado a uma vocação. No deserto Moisés depara com a revelação de um Deus pessoal, que o conhece pelo nome, e o convida a aproximar-se descalço (Êx 12.1-6). Nesse encontro, Deus explica sua preocupação com a situação degradante e opressiva dos israelitas no Egito, bem como seu plano de tirá-los dali para o cultuarem no deserto (Êx 3.7-12). Assim, acompanhando o chamado de Deus, encontramos a missão de Deus preparada para Moisés (Êx 3.10).

Esse mesmo modelo de chamado/vocação pode ser observado na vida de Isaías (Is 6.8-10), de Jonas (Jn 1.2; 3.2-3) e de Paulo (At 9.5,15).

Minha própria experiência de conhecer o Senhor Jesus incluiu um chamado e uma vocação para servir. Eu estava no primeiro ano de faculdade e tinha 19 anos quando fiz uma oração de arrependimento e aceitei Jesus Cristo em minha vida. Sozinho em meu quarto, ajoelhado, convidei Jesus para tomar controle de minha vida e perdoar meus pecados. Quando me levantei, eu sabia que algo estava diferente, que Jesus tinha ouvido minha oração e entrado em minha vida. Assim foi o começo de uma aventura de fé que continua até hoje, quase cinco décadas depois. De repente eu tinha um novo propósito para minha vida.

Eu entendia que o chamado de Deus para segui-lo implicava uma expressão de gratidão pelo fato de ele ter me salvado e de minha vida agora lhe pertencer. Sentia uma grande dívida de amor para retribuir, e queria entregar-me por inteiro a Deus em serviço a outros a fim de contar sobre essa sua maravilhosa ação em minha vida. Desde o início, meu chamado para servir ao Senhor foi informado em grande parte por versículos como Mateus 28.19 ("Portanto, vão e façam discípulos de todas as nações") e Romanos 15.20 ("Sempre me propus a anunciar as boas-novas onde o nome de Cristo nunca foi ouvido"). Ao responder ao chamado de Deus, compreendi que era algo natural dedicar-me a servir ao Senhor aonde quer que ele me levasse. Sempre me identifiquei com a promessa dada a Abrão em Gênesis 12.1-3: "Deixe sua terra natal, seus parentes [...] e você será uma bênção para outros. [...] Por meio de você, todas as famílias da terra serão abençoadas".

Diante dessa proximidade entre os termos "chamado" e "vocação", também reconheço que existe uma grande diversidade de compromissos relativos aos vocacionados. Vocação tem muito a ver com os dons espirituais e as capacitações que o Senhor dá a cada cristão (Rm 12.6-8; Ef 4.7-8; 1Co 12.4-7). Creio firmemente na vocação de ser pastor, missionário transcultural ou evangelista, entre outras.

Em seu livro *Líderes que permanecem*, Dave Kraft descreve quatro dimensões ou graus do chamado espiritual. Sua intenção é ajudar líderes a identificar seu chamado (ou vocação) como parte de um estilo de vida de discipulado:

1. *O chamado à salvação*. Deus estende um convite para que as pessoas aceitem seu Filho Jesus como Senhor e Salvador e se tornem membros da família de Deus numa igreja local.

2. *O chamado ao discipulado*. O cristão recebe o desafio de crescer e aprender as disciplinas da vida em Cristo, para ser ativo como membro de sua igreja e em seu testemunho no mundo.

3. *O chamado ao serviço*. Esse chamado não pode ser separado do chamado para o discipulado, mas é um convite para ativamente servir e dedicar tempo e esforço para amar as pessoas dentro e fora da igreja por meio do serviço.

4. *O chamado à liderança*. Algumas pessoas vão reconhecer os dons espirituais para servir especificamente em um papel de liderança, seja em nível de um pequeno grupo, seja em nível de uma grande organização (igreja, missão ou ministério).

Proponho ainda a possibilidade de um quinto chamado, o "chamado ao sacrifício". Estou pensando em pessoas que aceitam votos de extrema pobreza ou de serviço em ambientes de alto risco ou perigo por causa do evangelho. Esse chamado de sacrifício pode incluir o martírio como resultado.

A ideia de identificar diferentes chamados não significa fragmentar ou estabelecer uma escala de espiritualidade. A noção de que Deus chama pessoas para ocupar diferentes vocações procura valorizar e incentivar um compromisso cada vez maior com o Senhor.

Desse modo, como discernir e descobrir a vontade do Senhor para sua vida? A fim de responder a essa pergunta, eu uso a imagem dos cinco dedos de uma mão para lembrar cinco sinais que podem ajudar-nos a entender e cumprir um direcionamento ou uma decisão em nossa vida.

A. *Escrituras.* Existem referências claras e inequívocas na Palavra de Deus que atendem à questão?

B. *Conselhos.* O que dizem sobre o assunto outros líderes e pessoas espirituais?

C. *Testemunho no coração.* Seu coração está percebendo alguma coisa? A paz de Cristo é o árbitro em nosso coração (Cl 3.15). O que diz seu coração?

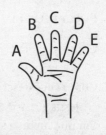

D. *Circunstâncias*. Existem circunstâncias que apontam para uma possível resposta?

E. *Intervenção divina*. Existem sinais de uma intervenção divina (milagrosa) nas circunstâncias relativas à questão a ser resolvida?

Embora a Palavra escrita de Deus na Bíblia tenha prioridade e peso em qualquer decisão ou vocação, às vezes não encontramos nas Escrituras uma resposta ou decisão clara. É importante, então, consultar outras pessoas, espirituais e experientes. E, se Cristo está no centro de sua vida, outro indicador é o testemunho de seu próprio coração, lembrando que o coração também pode ser enganoso (Jr 17.9-10).

Para refletir

Como você entende a relação entre chamado e vocação?

Como você descreveria sua vocação para seguir a Jesus Cristo?

Em que medida seu chamado e vocação influenciam sua decisão de entrar e permanecer no ministério?

De que maneiras você pode explorar diferentes vocações dentro da prática do discipulado?

2

Prove sua coragem e determinação

....

Davi enfrenta um teste de bravura
(*Leia 1Samuel 17*)

> Davi respondeu ao filisteu: "Você vem a mim com uma espada, uma lança e um dardo, mas eu vou enfrentá-lo em nome do SENHOR dos Exércitos, o Deus dos exércitos de Israel, que você desafiou".
>
> 1Samuel 17.45

Depois de ser ungido por Samuel e informado que seria o futuro rei de Israel, Davi passou por um teste inicial de coragem e determinação.

A nação de Israel estava sitiada e sob ataque dos filisteus. Os irmãos de Davi haviam sido alistados para a batalha, enquanto ele próprio havia permanecido com Jessé, seu pai (1Sm 17.12-15). Por uma série de circunstâncias soberanas, o jovem Davi foi incumbido por Jessé de levar mantimentos a seus irmãos no vale de Elá, onde os dois exércitos se digladiavam (1Sm 17.17-19).

Os filisteus colocaram um soldado gigante na linha de frente e, por quarenta dias, esse soldado desafiou o exército de Israel. O desafio consistia em que os israelitas escolhessem um representante de seu exército para enfrentá-lo. Saul e todos os israelitas estavam "aterrorizados e muito abalados" (1Sm 17.11). Diante desse cenário, Davi compreende o impasse no qual Israel se encontrava e responde ao desafio de Golias imediata e afirmativamente: "Ninguém se preocupe por causa desse filisteu. Seu servo vai lutar contra ele" (1Sm 17.32). E, como resposta aos questionamentos e às dúvidas acerca de sua capacidade para enfrentar tamanho desafio, Davi apresenta sua experiência como pastor, tendo defendido seu rebanho contra um leão e um urso (1Sm 17.34-37).

As palavras de Davi refletem sua determinação e coragem, alimentadas por sua fé e confiança no Senhor. Era óbvio que essa confiança não se baseava em seu tamanho, tão diminuto diante de seu inimigo, ou em sua força humana. Sua resposta e disponibilidade para a luta tinham como motivação a defesa do nome e da integridade de seu Deus. Sua fé nas promessas do Senhor para seu povo estava sendo testada mediante sua obediência em aceitar o desafio de enfrentar o gigante inimigo de Israel.

Em preparação para o confronto, Saul veste Davi com sua própria armadura e suas próprias armas. Davi dispensa todo aquele aparato, optando por levar apenas algumas pedras em sua bolsa, seu cajado e sua funda (1Sm 17.38-40). Sua coragem e determinação para a batalha residiam em sua confiança no Senhor. Então, enquanto Golias amaldiçoava Davi e invocava o nome de seus deuses, Davi responde com sua convicção "em nome do Senhor dos Exércitos" e não em armas de ferro (1Sm 17.45). Nesse encontro memorável, vemos Davi sendo testado em sua fé, em sua coragem e obediência, ao defender o nome e a honra de seu Deus. Esse evento certamente marcou a vida e a reputação do futuro rei e demonstrou as características de um líder espiritual que sabe quando e como agir em defesa do povo de Deus.

Coragem e determinação para líderes hoje

Propagandas antigas voltadas ao recrutamento para o serviço militar nos Estados Unidos frequentemente apresentavam imagens de aventura e bravura, quase sempre com um pano de fundo belo e exótico. A chave para convencer os jovens a se alistarem na Marinha norte-americana era a figura do Tio Sam com a frase: "À procura de poucos e bons homens" (*Looking for a few good men*). Hoje em dia, essa frase mudou porque o chamado para aplicar-se a uma vida de disciplina e dedicação agora se estende a homens e mulheres.

A decisão de aceitar o serviço e o ministério pela causa do evangelho requer coragem e determinação sobrenaturais, que levam o discípulo de Jesus a se fortalecer no Senhor para que persevere, tendo em vista que seguir a Cristo, em muitos círculos da sociedade hoje, não é politicamente correto nem aceitável. Aliás, em um número crescente de países e culturas, seguir a Cristo pode significar perseguição, rejeição e, muitas vezes, sofrimento físico e morte.

Jesus alertou que seus discípulos sofreriam tribulação, mas também os lembrou de que ele venceu o mundo (Jo 16.33). Paulo avisou Timóteo que todos que desejam viver piedosamente em Cristo Jesus seriam perseguidos, e melhor seria seguir seu exemplo de sofrer por causa do evangelho, como um bom soldado (2Tm 2.3; 3.12).

O segredo consiste em compreender que Deus pode usar qualquer meio para promover nosso bem (Rm 8.28), e até as dificuldades servem para criar em nós a coragem e a determinação necessárias para seguirmos fielmente nosso Mestre no ministério. A Bíblia está cheia de exemplos que nos apontam essa verdade. Moisés, no deserto, interpretou a fome e escassez dos israelitas como forma de aprendizado para que depositassem somente em Deus sua dependência e confiança (Dt 8.1-5). O autor do livro de Juízes explica que os inimigos do povo de Israel foram deixados em Canaã, a terra recém-ocupada, para que o povo aprendesse como lutar e vencer (Jz 3.1-2). O apóstolo Paulo fala de seu espinho na carne, que serviu para que ele não confiasse em si mesmo, mas em Deus, que lhe oferecia sua graça como força em meio ao sofrimento (2Co 12.7-10).

É instrutivo para nós, como líderes, entender que Deus pode usar diferentes meios para nos preparar e aperfeiçoar para os rigores do ministério. Ele prova nossa coragem e nossa determinação em nos mantermos firmes e resilientes em circunstâncias adversas, a fim de aguentarmos as pressões próprias do ministério.

Um exemplo digno de ser citado é o de Luiz Sérgio Freitas Ribeiro. Paraibano de nascimento, Sérgio é um corajoso e determinado servo do Senhor. Por mais de três décadas, ele tem se dedicado à evangelização e à plantação de igrejas no Nordeste do Brasil, especialmente no sertão semiárido. Ele e sua família já cooperaram em mais de setenta projetos missionários que têm a duração de um mês cada e mobilizam centenas de voluntários para a plantação de igrejas em comunidades rurais.

Além dos projetos missionários, Sérgio foi fundamental no estabelecimento de um seminário teológico e um centro de treinamento missionário na cidade de João Pessoa, na Paraíba. No começo, reuniu-se com alguns líderes de jovens daquela capital, sem dinheiro, sem estrutura e sem experiência, com o objetivo de convidar jovens de diferentes igrejas para que servissem juntos no trabalho de evangelização nas ruas e, depois, em comunidades rurais. Sérgio e a Missão JUVEP têm demonstrado profunda paixão pelas almas, bem como apresentado frutos por aplicar coragem e determinação na obra do Senhor.[1]

---

[1] Recomendo visitar o *site* da Missão JUVEP: <juvep.com.br>.

Eu mesmo tive minha fé e coragem testadas durante meus anos na Universidade de Oregon, nos Estados Unidos. Na época participava de um ministério de evangelismo entre os estudantes, e meus companheiros e eu encontrávamos muitos céticos e agnósticos antagônicos ao evangelho. Conseguimos ganhar alguns para a fé, e foi nesse período que aprendi um versículo que nunca esqueci, Jeremias 12.5: "Se correr com homens o deixa cansado, como poderá competir com cavalos? Se tropeça e cai em campo aberto, o que fará nas matas junto ao Jordão?". Entendi com esse versículo que Deus estava usando situações difíceis a fim de me preparar para que, um dia, eu pudesse "competir com cavalos" e sobreviver em lugares apertados e estreitos. Assim, pude compreender que coragem e determinação são aprendidas em meio aos "golpes de pilão" que a vida nos dá.

Em seu livro *Etapas na vida de um líder*, J. Robert Clinton descreve as várias experiências pelas quais líderes passam a fim de progredir como lideranças espirituais. A exemplo do que ocorreu com Davi, o líder precisa reconhecer o teste de liderança, permitido por Deus, cujo objetivo é formar e aperfeiçoar o coração, bem como as habilidades para o exercício da liderança. Alguns elementos ou eventos fogem ao nosso controle e são permitidos pela soberania de Deus, enquanto outras experiências precisam de uma resposta correta de nossa parte, para que passemos no "teste" e, assim, cresçamos numa área de responsabilidade que nos permitirá amadurecer dentro do processo de nos tornarmos líderes espirituais.

Considere alguns processos que Deus utiliza para transformar líderes segundo seu coração. Na tabela a seguir, identifique uma lição positiva que resultou desse processo de aprendizagem e preencha a coluna correspondente.

Processo de aprendizagem	Exemplo bíblico	Lição a ser aprendida
Preparação negativa	José rejeitado pelos irmãos (Gn 37)	
Revelação de destino	Jacó luta com o anjo no vau de Jaboque (Gn 32)	

Palavra profética	Ana recebe a promessa de um filho (1Sm 1)	
Prova de resistência ao pecado	Davi com Bate-Seba (2Sm 11)	
Circunstâncias soberanas	Elias é sustentado pelos corvos (1Rs 17)	
Contatos divinos	Abraão com os dois anjos em Sodoma (Gn 18)	
Afirmação de capacidade	Sansão com sua força sobrenatural (Jz 13)	
Rejeição de liderança	Abimeleque e seus irmãos (Jz 9)	

Prova de obediência	João Batista (Mt 14)	
Prova da Palavra de Deus	Daniel na Babilônia (Dn 1)	
Prova de fé	Os discípulos diante das palavras duras de Jesus (Jo 6)	
Prova de paradigma	Os discípulos e diáconos (At 6)	
Prova de integridade	Pedro na casa de Cornélio (At 10)	

Neemias e o apóstolo Paulo são dois exemplos de líderes que demonstraram grande coragem e determinação no cumprimento de suas missões e ministérios. Essas atitudes se manifestaram em estratégias e ações que servem de inspiração para nós hoje.

Neemias foi um líder no Antigo Testamento que se tornou exemplo de bravura e diligência ao entender e cumprir a missão recebida. Vejamos algumas características do estilo de liderança de Neemias:

- Compaixão pelos que sofrem (Ne 1.4).
- Dependência de Deus em oração (Ne 1.5-7).
- Coragem para tomar iniciativa (Ne 2.12).
- Motivação de seus liderados (Ne 2.17-18).
- Organização do trabalho e delegação de responsabilidade (Ne 3.1-13).
- Discernimento e identificação da oposição (Ne 4.4-5,16).
- Resolução de problemas internos do grupo (Ne 5.1-11).
- Cuidado pastoral de si mesmo (Ne 5.14-19; 6.12-14).
- Nomeação de líderes para continuação da visão e ministério (Ne 7.1-3).

O apóstolo Paulo é um exemplo de liderança no Novo Testamento, um líder que demonstrou determinação e garra no desenvolvimento de um ministério equilibrado e integral, com as seguintes marcas:

- Serviço ao Senhor com humildade (At 20.18-19).
- Pregação e ensino do evangelho (At 20.20-21).
- Confiança no poder e na orientação do Espírito Santo (At 20.22-24).
- Conduta íntegra (At 20.25-27).
- Cuidado de si mesmo e do rebanho do Senhor (At 20.28-31).
- Equilíbrio com os bens materiais (At 20.32-35).

Para refletir

Quais dos processos de formação de um líder mais chamam sua atenção? Por quê?

Pense em uma experiência difícil que resultou em crescimento para seu ministério.

Ao reler a história de Davi e Golias, quais das lições que Deus ensinou a Davi mais se aplicam a sua vida?

3

Nutra amizades e encontre mentores

....

Davi faz amizade com Jônatas
(Leia 1Samuel 18.1-4; 20.16-17,35-42)

> Depois que Davi terminou de falar com Saul, formou-se de imediato um forte laço de amizade entre ele e Jônatas, filho do rei, por causa do amor que Jônatas tinha por Davi.

1Samuel 18.1

Foi tumultuada a trajetória de Davi entre seu chamado e unção como rei de Israel e o momento em que de fato assumiu o reino. O jovem pastor, tirado do meio dos apriscos, precisava aprender muitas lições de liderança para tornar-se um homem segundo o coração de Deus. E foram várias as batalhas travadas, além de não poucas dúvidas e falhas de caráter que precisavam ser superadas.

Nesse processo, Davi contava com um amigo importante na pessoa de Jônatas, o filho de Saul. Jônatas exerceu papel relevante no crescimento de Davi como líder, abrindo-lhe portas de oportunidade e influência. Tornou-se seu grande admirador e amigo chegado após a morte de Golias (1Sm 18.1-4). Posteriormente, estabeleceram uma aliança de lealdade e compartilharam momentos de sincera emoção (1Sm 20.16,41).

Jônatas foi amigo e conselheiro de Davi enquanto Saul, com seu temperamento instável, ainda reinava. Em mais de uma ocasião, o filho do rei salvou a vida de Davi e o advertiu acerca de ameaças que poderiam ter consequências fatais. Nesse sentido, a relevância do pacto de amizade e da mentoria que Jônatas prestou a Davi não deve ser minimizada e constituiu um bom exemplo da importância de líderes terem bons mentores e amigos. Que esse exemplo sirva de incentivo para que cada líder hoje busque bons mentores e nutra amizades que contribuíam para o desenvolvimento de um ministério bem-sucedido.

A importância de mentores para fortalecer sua vida e ministério

Você conhece alguém que pode agir como seu mentor? Conta com um mentor para acompanhá-lo em áreas importantes de sua vida e ministério?

Fatos que ocorrem nas igrejas devem servir de alerta para o ministério. Seja por causa de pecados mais impactantes, seja por simples descuidos, a integridade da liderança cristã está sob os holofotes e o julgamento da opinião pública. Pastores que, aos olhos de muitos, eram considerados "invencíveis" ou "imbatíveis", têm sido vencidos pela fadiga e pelo desânimo. E quando a ajuda não chega a tempo, o resultado, muitas vezes, é a desistência ou o desastre. Na busca por compreender as causas ou razões que levaram ou podem levar a uma crise ministerial, as respostas frequentemente incluem: "Ninguém estava me acompanhando" ou "Ninguém previu esse problema".

O desânimo entre pastores e líderes acomete obreiros das mais diferentes denominações, agências missionárias e organizações cristãs. E isso nos deve servir como alerta de que há algo errado na maneira como nossos líderes estão sendo acompanhados, pois, assim como os membros das igrejas, os líderes também carecem de cuidado pastoral. Precisamos descobrir e cultivar uma "cultura de cuidado pastoral" que permeie todos os níveis de nossas organizações.

O cuidado pastoral tem sido compreendido principalmente como o zelo do pastor para com os membros de uma igreja local. Entretanto, essa prática deve se estender ao próprio pastor. Denominações e organizações missionárias precisam promover algum tipo de cuidado pastoral por seus próprios líderes. Em contrapartida, nós, líderes, precisamos buscar relacionamentos de mentoria em prol de nossa própria saúde e crescimento espiritual. A expressão "sozinho no ministério" deve tornar-se exceção, e não a regra.

O desenvolvimento de uma cultura de cuidado pastoral implica que denominações e organizações incorporem medidas de pastoreio de seus líderes. Também implica incentivar que pastores e líderes desenvolvam amizades saudáveis e relacionamentos de mentoria. Teríamos assim um ciclo de cuidado:

- Pastores e líderes estendendo cuidado pastoral a seus membros.
- Denominações e organizações estendendo cuidado pastoral a seus líderes.
- Pastores e líderes procurando e recebendo cuidado pastoral e mentoria de seus colegas.

O bom pastor, nas palavras de Jesus, oferece a própria vida pelas ovelhas (Jo 10.11). Mas ele também cuida de si. Observe as palavras de Paulo aos anciãos de Éfeso em Atos 20.17-38, especialmente o versículo 28: "Portanto, cuidem de si mesmos e do rebanho sobre o qual o Espírito Santo os colocou como bispos, a fim de pastorearem sua igreja, comprada com seu próprio sangue".

Observe também as orientações de Pedro aos presbíteros da igreja em 1Pedro 5.1-5, com destaque para o versículo 5: "Vocês, que são mais jovens, aceitem a autoridade dos presbíteros. E todos vocês vistam-se de humildade no relacionamento uns com os outros. Pois, 'Deus se opõe aos orgulhosos, mas concede graça aos humildes'".

Assim, o "pastoreio de pastores" é uma experiência e, simultaneamente, um movimento, que visa dispensar aos líderes o mesmo cuidado que às pessoas sob sua tutela espiritual, na igreja local. Contudo, esse cuidado com o pastor dificilmente virá dessas mesmas pessoas. Esse conceito de "pastoreio de pastores", portanto, diz respeito a um pequeno grupo que reúne pastores para praticar e estender o cuidado pastoral mútuo. O Ministério de Apoio para Pastores e Igrejas (MAPI)[2]

---

[2] Veja o *site* do MAPI em <www.pastoreiodepastores.com.br>.

foi pioneiro no Brasil em oferecer uma definição prática desse movimento ao expressar que "o pastoreio de pastores é o apoio que proporciona *cobertura espiritual* e *desenvolvimento da vida* e do *ministério* dos pastores e seus cônjuges".

Exercícios

Descreva o que cada palavra ou expressão sublinhada acima pode significar para o seu contexto.

_____

_____

_____

Descreva sua experiência como líder em receber algum cuidado pastoral segundo essa definição.

_____

_____

_____

Cite os benefícios do cuidado pastoral e do pastoreio de pastores por meio de pequenos grupos.

_____

_____

_____

Participar de um grupo de pastoreio de pastores favorece líderes das seguintes maneiras:	
Ganham uma perspectiva de ministério que foca as prioridades.	Explique como isso acontece.
Disciplinam-se em áreas importantes da vida pessoal.	Relacione algumas dessas áreas em sua vida.
Mantêm uma rede de relacionamentos valorosos ao longo da vida.	Com quantos pastores ou líderes você se relaciona atualmente?
Mantêm uma atitude contínua de aprendizagem.	O que pode você pode aprender com um colega?'
Reconhecem que todos teremos de prestar contas a Deus.	Você conhece algum pastor que desistiu do ministério por falta de cuidado pastoral?

Encontrando amigos no ministério

Um dos comentários mais comuns que ouvimos entre pastores diz respeito à carência de amigos. Quem o pastor pode considerar seu amigo, de modo que possa compartilhar dificuldades na família ou um momento de lazer distante dos assuntos específicos do ministério?

Algo excepcional aconteceu entre Davi e Jônatas quando se tornaram amigos chegados. Eles firmaram um pacto de amizade e lealdade, em que se comprometeram a defender e proteger um ao outro. Minha experiência com vários pastores que participam de grupos de pastoreio confirma a importância da amizade para esses líderes. Muitos deles afirmam que, pela primeira vez, descobriram a liberdade de ter amigos no ministério. Os respectivos cônjuges também comentam da alegria em descobrir que podem compartilhar tristezas e preocupações no ministério sem medo de retaliação.

Amizade e mentoria são conceitos que andam de mãos dadas. Quando os valores e princípios fundamentais de cada líder são conhecidos e encorajados, ele pode sentir a liberdade de explorar a amizade e encorajar a mentoria. Valores e princípios são qualidades que não mudam facilmente e integram o alicerce de nossa vida e ministério. O desafio é descobrir quais são os valores que norteiam nossa vida.

Um testemunho pessoal. Um dos momentos mais difíceis em meu ministério foi quando nossa família se mudou, em 2006, para o Nordeste brasileiro, desacompanhada de outros membros de nossa equipe. Sentimo-nos sozinhos, e nossos filhos estavam morando em diferentes estados, vivenciando momentos críticos em seus estudos preparatórios para a universidade. Foi nesse período que nosso diretor de área, Ric Escobar, veio dos Estados Unidos para conversar conosco como mentor e amigo. Digo como mentor porque ele ouviu o clamor desesperado de nossas palavras sobre a situação de solidão ministerial que enfrentávamos e sobre o contexto de nossos filhos. Deus utilizou Ric para nos trazer uma palavra específica para nossa vida, levando-nos a uma decisão radical, que nos fez retornar para São Paulo por um período, no propósito de cuidar das necessidades educacionais de nossos filhos. Aquele mentor falou de forma sensível à nossa vida, o que resultou em importantes correções de rumo que impactaram nosso ministério e recuperaram o ânimo de nossos filhos.

Após quatro anos em São Paulo, nossos filhos concluíram o ensino médio e avançaram para o ensino superior. Em 2012, Barbara e eu, como águias com o ninho vazio, retornamos ao Nordeste para continuar servindo com a Missão Sepal, passando a morar em Natal, no Rio Grande do Norte. Intensifiquei meu ministério com o pastoreio de pastores, enquanto Barbara desenvolvia seu trabalho com o movimento Mulheres em Ministério. Compreendi que minha missão pessoal e meu chamado encaixavam-se perfeitamente com a proposta da Sepal. Minha declaração de missão pode ser lida como: "Eu sirvo e sou mentor de pastores e líderes, para que tenham uma vida e um ministério saudáveis, voltados à perspectiva do discipulado e da transformação das nações".

Quando penso na importância de ter amigos e mentores no ministério, lembro-me de meu amigo Marcos Mendes, em Natal. Pastor Marcos é natural do Rio de Janeiro, mas reside há muitos anos em terras potiguares. Pastoreando uma igreja na zona norte da cidade, estava envolvido com outras responsabilidades que lhe consumiam o tempo que ele gostaria de dedicar aos estudos. Além de sentir-se sobrecarregado pelos múltiplos afazeres do ministério, sua situação era agravada pela constante desorganização de seu escritório, que funcionava como seu refúgio para estudar e escrever seus livros. Embora reconhecesse a importância de um mentor, essa compreensão intensificou-se ao receber o simples desafio de limpar e organizar seu ambiente de estudos. Parece uma coisa simples, mas o fato é que a desorganização de sua bancada de estudos estava dividindo as energias que ele desejava dedicar ao discipulado de pessoas e ao cumprimento de seu chamado. Por isso precisamos de amigos até nas coisas mais triviais da vida.

O exercício a seguir é uma oportunidade de identificar cinco valores fundamentais que descrevem o alicerce para sua vida e ministério. Escreva na tabela cinco tópicos que envolvem áreas de sua vida. É possível introduzir outras áreas, mas eu asseguro que essas cinco já lhe darão trabalho suficiente.

Cinco áreas na vida do líder	Descreva o valor e o crescimento que você quer desenvolver em cada área abaixo:
A. Caráter e vida espiritual	
B. Relacionamentos saudáveis	
C. Aquisições e vida simples	
D. Trabalho e descanso	
E. Saúde física e aprendizagem	

Agora que descreveu esses cinco valores, imagine como seria se alguém tomasse conhecimento deles e se oferecesse para ajudar você a respeitá-los e a viver com base neles. Entra em cena a figura do mentor.

Mentoria é uma conversa intencional entre pessoas que visa o crescimento mútuo. Requer um ambiente de confiabilidade e de discernimento, no intuito de identificar as áreas que o Espírito Santo está indicando para serem trabalhadas. Mentoria implica o *compromisso* de dar e receber ajuda mútua para crescimento nas áreas importantes da *vida* e do *ministério* das pessoas.

Agora registre como você entende o significado de cada palavra sublinhada no parágrafo anterior.

Compromisso: _____

_____

Áreas importantes: _____

_____

Vida: _____

_____

Ministério: _____

_____

A mentoria personalizada acontece em um encontro entre dois líderes. Num encontro de pastoreio, a mentoria requer a formação de grupos de dois a quatro líderes para uma conversa mais reservada. Nesses encontros, podemos identificar áreas que precisam de reforço ou atenção mediante as respostas ofertadas a cada uma das dez perguntas a seguir e que podem ser usadas por um mentor:

1. Como está seu relacionamento com Deus? Seu tempo devocional? Oração? Falou de Jesus a um não cristão?

2. Sua identidade está firmada em Deus? Preocupou-se demais com as opiniões de outros ou com seu rendimento ou falta dele?

3. Deu atenção apropriada a sua família? Se casado, como mostrou amor a seu cônjuge? Se tiver filhos, tratou-os com amor?

4. Como está sua saúde emocional? Anda sensível demais, amargo, irado ou dominado por alguma emoção? Deixou de perdoar alguém?

5. Protegeu seu coração em relação ao sexo oposto? Evitou a pornografia? Manteve pensamentos puros?

6. Foi cuidadoso com as palavras? Falou a

verdade em amor? Falou mal de alguém? Falou demais? Omitiu-se quando deveria ter falado?

7. Está desenvolvendo relacionamentos autênticos? Foi transparente em seu pequeno grupo?

8. Cobiçou ou teve insatisfação com assuntos materiais? Gastou mais do que devia? Cedeu a algum vício?

9. Está discernindo a ação do Pai e cooperando com ele?

10. Acrescente sua própria pergunta a respeito de uma área de sua vida na qual Deus esteja trabalhando.

A Janela de Johari

Ferramenta criada em 1955 pelos psicólogos Joseph Luft e Harrington Ingham, a Janela de Johari representa por meio de um gráfico a existência de áreas ignoradas ou desconhecidas na vida e no trabalho de uma equipe. Trata-se de uma útil ferramenta para analisar a contribuição de cada membro da equipe em um projeto, e pode também ser usada para ilustrar a importância de líderes se relacionarem com outros líderes. Há áreas de conhecimento que um líder pode estar ignorando ou até ocultando, mas que outros podem perceber. Também há informações que são de conhecimento geral, enquanto outras precisam ser mais bem exploradas para o benefício de todos. A relação e a eficácia das pessoas em seu trabalho melhoram quando se amplia a área "aberta" e quando se reduzem as áreas ignoradas, secretas ou desconhecidas.

Como você pode ampliar a área "aberta" em sua vida e ministério? Como pode reduzir a área desconhecida? Como um mentor ou grupo de pastoreio pode ajudá-lo ampliar as áreas abertas em sua vida?

Para refletir

O que Deus está chamando você para realizar por meio de sua vida e ministério?

De quem você tem recebido apoio e encorajamento pastoral? Tem funcionado?

Você tem mentores? Como eles impactam sua vida e ministério?

4

Reconheça a importância da autoridade espiritual

....

Davi se vê diante de autoridade espiritual
(*Leia 1Samuel 24*)

> Sua consciência, porém, começou a perturbá-lo por ter cortado a borda do manto de Saul. Por isso, disse a seus homens: "Que o Senhor me livre de fazer tal coisa a meu senhor, o ungido do Senhor, e atacar aquele que o Senhor ungiu como rei".
>
> 1Samuel 24.5-6

Davi foi ungido por Samuel para ser rei de Israel, mas se passaram mais de dez anos até que conseguisse tomar posse do trono. Durante esse período, o rei Saul sentiu ciúmes e não quis dar lugar ao jovem Davi, que precisou aprender importantes lições sobre autoridade e liderança. A lição mais importante foi aprender a reconhecer o poder da autoridade espiritual e agir com base nesse reconhecimento.

O sucesso de Davi nas batalhas foi evidenciado com uma canção que mulheres israelitas entoavam destacando seus feitos como maiores que os de Saul, o que causou a indignação do rei e o levou a conspirar a morte de Davi (1Sm 18.6-9). Diante do perigo e da perseguição, Davi fugiu para o deserto (1Sm 23.14). Foi durante esse período no deserto que o futuro rei de Israel aprendeu valorosas lições sobre autoridade espiritual que impactariam todo o restante de sua vida.

No deserto de En-Gedi, Davi se encontrava no interior de uma caverna, e Saul entrou nessa mesma caverna para aliviar-se (1Sm 24.1-3). Na visão dos homens que acompanhavam Davi, aquela era a oportunidade de finalmente vingar-se do rei e matá-lo. A grandeza de Davi ao compreender a verdadeira natureza da autoridade espiritual, contudo, fica evidente no momento em que, tendo cortado tão somente a borda do manto de Saul, ele sente remorso (1Sm 24.4-6). Davi reconhece que Saul ainda é o ungido do Senhor, a despeito de suas ações contraditórias.

Davi demonstra sua confiança na justiça de Deus quando declara: "Que o Senhor julgue entre nós dois. Talvez o Senhor castigue o rei por aquilo que procura fazer contra mim, mas eu jamais lhe farei mal" (1Sm 24.12). Quando as circunstâncias indicavam que Davi poderia ter exercido sua autoridade para obter vantagem sobre Saul, ele se submete a Deus, a uma autoridade espiritual que ele ainda esperava encontrar em Saul. Esse princípio de autoridade espiritual aparece várias vezes no ministério de Davi diante de decisões de liderança e em seu relacionamento com outros líderes.

Submetendo-se à autoridade espiritual

Estudos em liderança identificam três elementos básicos que interagem para produzir resultados: o líder, os liderados e os métodos e instrumentos de influência que o líder utiliza com seus liderados. Autoridade espiritual tem a ver com o método e a natureza da influência a que o líder cristão recorre em sua liderança. No caso do rei Saul, vemos um homem que começou com uma forte dependência em Deus (autoridade espiritual), mas que terminou recorrendo à autoridade natural ou humana em seu esforço para liderar a nação de Israel.

O jovem Davi, fugindo para salvar a própria vida, experimentava as consequências dessa autoridade natural de Saul. Davi precisava aprender ao mesmo tempo a honrar a autoridade espiritual que a posição de Saul demandava e a desenvolver verdadeira autoridade espiritual para tornar-se o futuro rei de Israel.

Vejamos, agora, alguns contrastes entre liderança natural e espiritual.

Liderança natural	Liderança espiritual
Confia em si mesmo	Confia em Deus (Sl 37.3)
Busca o reconhecimento das pessoas	Busca o reconhecimento de Deus e das pessoas (Lc 2.52)
Autossuficiente	Dependente de Deus (Sl 37.4-5)
Soberba, ambiciosa	Humilde (Nm 12.3)

Líderes espirituais reconhecem a importância da presença e do poder de Deus para um ministério efetivo. Essa presença de Deus é seu poder que opera em nós, que, nas palavras do apóstolo Paulo, é o mesmo poder que ressuscitou Jesus dentre os mortos (Ef 1.19-20). Os meios de influência de um líder espiritual têm sua origem e autoridade na atuação de Deus em sua vida. A liderança natural, por sua vez, depende de habilidades humanas e usa métodos de influência baseados na inteligência e na força. Às vezes a liderança natural pode ultrapassar os limites de justiça e ética a fim de obter os resultados desejados.

Davi demostrou sua dependência em Deus nos salmos que escreveu durante suas dificuldades. Confessava suas falhas e fraquezas e demonstrava sua intimidade com Deus ao pedir proteção e libertação. O futuro rei de Israel teve muitas oportunidades para rebelar-se, mas permaneceu paciente e submisso enquanto Saul ainda detinha o poder. A autoridade espiritual encontra sua justificação e perseverança em Deus, e não recai em métodos carnais ou naturais.

Um líder com autoridade espiritual também permite-se ser informado e corrigido pela mão e sabedoria de Deus. Davi, por exemplo, reconheceu a autoridade espiritual de Natã para repreender e corrigir suas ações, submetendo sua vida à disciplina (2Sm 12.1-25).

Por dez anos, até 2003, servimos em Cuiabá como mobilizadores em missões e na plantação de novas igrejas. Com o intuito de trabalhar com pastores e líderes de diversas igrejas, começamos a estudar a Missão Sepal, cuja intenção é servir pastores e líderes. No ano seguinte iniciamos o trabalho com a Sepal, e nosso foco foi servir líderes na região Nordeste. Nossa esperança era montar uma equipe missionária de três casais e ter uma delas em Recife a partir de 2006. Mas faltaram colegas para completar a equipe, e as necessidades com a educação de nossos filhos exigiram um retorno abrupto para São Paulo. Mais quatro anos se passaram até que pudéssemos planejar nosso retorno ao Nordeste.

Em 2012, começamos a fazer planos para finalmente ir a Recife, mas desta vez encontramos resistência por parte da missão, que nos ofereceu a opção de escolher entre três capitais, sendo que apenas uma delas ficava no Nordeste. Essa foi uma transição difícil, porque estávamos submetendo nosso chamado e nossos planos para trabalhar no Nordeste aos planos e às estratégias da organização. Eu queria levantar uma voz de protesto, mas maior ainda foi o desejo de permitir que Deus fizesse algo novo em nosso coração por intermédio de nossa liderança. A decisão de nos submetermos à escolha da missão permitiu que descobríssemos uma nova dimensão de autoridade espiritual para servir pastores e líderes. Depois de sete anos em

Natal, pudemos ver a mão de Deus dirigindo nosso ministério de tais maneiras que jamais havíamos imaginado quando iniciamos nosso retorno àquela região. Pudemos entender que foi a partir de Natal que se daria nossa maior e mais duradoura contribuição ministerial. O que me fortaleceu em todo esse processo de decisões diante das atitudes de minha liderança espiritual foi a confiança de que Deus estava no controle e que vem dele o poder e a autoridade para servir e liderar outros.

No salmo 101, encontramos uma descrição dos princípios que Davi observava em sua vida e governo. Ele descreve as características do exercício da liderança espiritual de um rei. Quantas dessas características podem ser observadas em sua liderança hoje?

- O Senhor é digno de louvor e adoração (v. 1).
- Integridade é a marca em seu trabalho e em seu lar (v. 2).
- O mal não será tolerado e a conduta dos desonestos será reprovada (v. 3).
- A perversidade e o mal não terão acesso ao coração do líder (v. 4).
- O orgulho, a arrogância e difamação serão silenciados (v. 5).

- Os fiéis e os de coração íntegro formarão a equipe desse líder (v. 6).
- O engano e a mentira não terão parte na equipe desse líder (v. 7).
- Os perversos e os malfeitores serão alvos de denúncia (v. 8).

PARA REFLETIR

Como você descreveria autoridade espiritual?

Relembre uma situação na qual você foi desafiado a exercer liderança espiritual e a resistir à tentação de exercer liderança natural.

Pense em motivos que justificariam que um líder espiritual não se submetesse a uma autoridade, ainda que lhe custasse seu ministério ou sua vida.

5

Cultive intimidade com Deus

Davi no deserto e nos salmos
(Leia Salmo 23; 40)

> Que mais posso dizer sobre o modo como me honraste? Tu sabes como teu servo é de fato. Por causa de teu servo, ó SENHOR, e de acordo com tua vontade, fizeste todas estas grandes coisas e as tornaste conhecidas.
>
> 1Crônicas 17.18-19

Davi passou vários períodos em sua vida escondido ou fugindo de seus inimigos. Conforme citamos no capítulo anterior, ele foi ungido por Samuel, mas não assumiu o reinado porque o rei Saul resistia e o perseguia. Davi também passou por um período difícil quando seu filho Absalão se apossou do governo forçando-o a fugir para o deserto.

Foi no deserto, sozinho ou sendo perseguido, que Davi aprendeu a encontrar forças no Senhor (1Sm 30.6). Naquele lugar inóspito e desconfortável,

Davi cultivava sua dependência do Criador e crescia em intimidade com Deus. No deserto a solidão e a rejeição se tornaram ingredientes para nutrir uma fé que o sustentava mais que alimentos físicos. Ali Davi aprendeu a buscar no Senhor a provisão de todas as suas necessidades.

A poesia dos salmos de Davi demonstra seu desejo de maior intimidade com Deus. No salmo 40, por exemplo, ele declara que depositou toda sua esperança no Senhor, porque é Deus quem ergue sua vida da destruição e da futilidade e lhe põe um cântico novo nos lábios, e isso é transformador para Davi e para os que o ouvirão adorar a Deus.

A intimidade de Davi com seu Senhor também é destacada no salmo 23, que descreve famosamente essa relação com base em sua experiência como pastor de ovelhas. Davi confia em Deus e sabe que ele o conduzirá por verdes pastos bem como pelo escuro vale da morte, até a eternidade.

Cultivando intimidade com Deus

O exemplo de Davi deve nos servir de inspiração para que cultivemos nossa intimidade com Deus. A realidade, porém, é que os afazeres rotineiros do ministério muitas vezes competem com esse objetivo, tomando-nos o tempo necessário para desfrutar dessa maior intimidade com o Pai.

Quais seriam, então, os elementos básicos e necessários para cuidar da saúde espiritual e favorecer a renovação contínua da mente, do coração e do espírito do líder cristão?

O triângulo do ministério

A importância de cultivar o relacionamento com Deus pode ser ilustrada por um triângulo em que os três vértices representam Deus, o líder e o mundo. Por meio de um relacionamento pessoal com o Deus Criador, o líder cristão pode compreender melhor o propósito e a vontade de Deus em relação ao mundo e, assim, discernir como desenvolver um ministério devidamente direcionado.

Nosso relacionamento com Deus é alimentado por meio de disciplinas espirituais que nos permitem conhecê-lo melhor e nos auxiliam na compreensão de sua atividade no mundo. De fato, nosso crescimento espiritual se dá quando estabelecemos nossa vida em torno das prioridades que Deus tem para nós. Conforme diz Jesus em Mateus 6.33: "Busquem, em primeiro lugar, o reino de Deus e a sua justiça, e todas essas coisas lhes serão dadas".

O apóstolo Paulo reforça nosso entendimento dessa prioridade ao descrever sua paixão por conhecer melhor Jesus como seu Salvador em Filipenses 3.10-11: "Quero conhecer a Cristo e experimentar o grande poder que o ressuscitou. Quero sofrer com ele, participando de sua morte, para, de alguma forma, alcançar a ressurreição dos mortos!".

Pastores e ministros do evangelho encontram uma orientação simples e prática em relação a suas prioridades em Atos 6.2-4: "Por isso, os Doze convocaram uma reunião com todos os discípulos e disseram: 'Nós, apóstolos, devemos nos dedicar ao ensino da palavra de Deus, e não à distribuição de alimentos. Sendo assim, irmãos, escolham sete homens respeitados, cheios do Espírito e de sabedoria, e nós os encarregaremos desse serviço. Então nós nos dedicaremos à oração e ao ensino da palavra'".

Duas disciplinas simples, a oração e o ministério da Palavra. Pense nelas como um exercício de respiração espiritual: inspirar (a Palavra de Deus) e expirar (a oração).

Em seu livro *Etapas na vida de um líder*, J. Robert Clinton descreve quatro lições ou princípios de liderança que observou na vida de figuras bíblicas e de líderes atuais.

1. *Presença de Deus*. O ingrediente essencial da liderança é a presença poderosa de Deus na vida e no ministério do líder.

2. *Intimidade*. Líderes cultivam intimidade com Deus, que transborda em todo o seu ministério, confirmando que ministério é mais o resultado de "ser" do que de "fazer".

3. *Intercessão*. Líderes ministeriais são chamados para interceder pelo ministério que exercem.

3. *Centralidade na Palavra*. A Palavra de Deus é

a fonte primária para equipar líderes e, portanto, deve ser parte essencial do ministério de cada líder.

Leitura bíblica

Uma alimentação diária da Palavra de Deus é o "pão nosso de cada dia". A leitura da Bíblia é a inspiração da respiração espiritual que sustenta nossa vida. Na leitura diária reservamos tempo para ouvir a Deus e receber dele encorajamento. A leitura regular também serve para revelar o propósito e o plano de Deus para nossa atividade ministerial no mundo como seus "embaixadores" (2Co 5.20).

Existem várias maneiras de fazer bom proveito da leitura da Palavra. Estudar um personagem bíblico (Moisés, Davi, Barnabé etc.), um capítulo ou livro inteiro, um assunto específico (santificação, adoção, boas obras etc.), ou estudar uma porção bíblica usando o método indutivo, a maneira mais simples, porém profunda, de deixar que a Bíblia fale por si mesma em nossa vida. Basicamente, esse método utiliza três passos para compreender um texto das Escrituras:

a) *Observação do texto*. Faça as perguntas "quem?", "como?", "quando?", "o quê?" e "onde?", a fim de captar o sentido e o significado natural do texto. A observação não procura interpretar o texto, mas entender a passagem tal como foi recebida e entendida pela audiência original dentro de seu contexto histórico, linguístico e cultural. Observe até descobrir os fatos significativos, a ênfase do autor e a maneira como ele organizou as ideias.

b) *Interpretação do texto*. Procure descobrir o significado da passagem para o próprio autor. A interpretação também se preocupa com o contexto maior da Bíblia e os propósitos de Deus para seu povo, e requer que a Escritura interprete a si mesma. Analise o significado das palavras e frases-chave, avalie os fatos, correlacione as ideias, investigue pontos difíceis ou incertos, e resuma a mensagem do autor a seus leitores originais.

c) *Aplicação do texto*. É o passo para tornar o texto prático e aplicável na vida diária. Lembremos que a finalidade da leitura da Palavra de Deus é alimentar espiritualmente visando o crescimento e a transformação de vidas. A Palavra de Deus é como uma espada afiada que faz uma cirurgia espiritual em nossa vida e na vida de outras pessoas (Hb 4.12). Paulo descreve esse processo de transformação pela Palavra em 2Coríntios 3.16-18: "Sempre que alguém se volta para o Senhor, o véu é removido. Pois o Senhor é o Espírito, e onde está o Espírito do Senhor, ali há liberdade. Portanto, todos nós, dos quais o véu foi removido, podemos ver e refletir a glória do Senhor, e o Senhor, que é o Espírito, nos transforma gradativamente à sua imagem gloriosa, deixando-nos cada vez mais parecidos com ele".

No processo de aplicação do texto, devemos estar dispostos a descobrir em nós:

- Algo para corrigir.
- Algum motivo para louvar.
- Algo para crer.
- Algo para fazer ou pedir a Deus.

Faça um exercício do método indutivo utilizando o texto de Êxodo 3.1-12. Para cada versículo (ou grupo de versículos), anote os elementos de observação, interpretação e aplicação do texto.

Texto: Êxodo 3.1-12		Título do texto (assunto):	
Versos	Observação	Interpretação	Aplicação
1-3			
4			
5			
6			

7-9			
10-12			
Resumo			

Oração que incentiva a intimidade com Deus

Assim como a leitura da Palavra é comparada à inspiração, a oração é como a expiração. É algo natural e deve ser automático. A oração é nossa reação natural uma vez que o Espírito e a Palavra de Deus nos enchem (Gn 2.7; 2Tm 3.16; Jo 20.22). Assim como o Espírito de Deus traz vida à sua Palavra e a grava em nosso coração, a oração é uma expressão natural de nossa comunhão e de nosso relacionamento com Deus.

A oração dominical em Mateus 6.6-15 nos ajuda a identificar elementos básicos da oração:

"Pai nosso que estás nos céus"	Nosso enfoque	Adoração
"Venha o teu reino"	Nosso desejo	Gratidão
"Dá-nos hoje o pão"	Nossa provisão	Petição
"Perdoa nossas dívidas"	Nosso problema	Confissão
"Não nos deixes cair"	Nossa luta	Proteção
"Pois teu é o reino"	Nossa finalidade	Afirmação

Em seu livro *Oração intercessora*, Dutch Sheets descreve a oração intercessora como uma forma específica de oração altamente voltada às necessidades de outros. Intercessão é o ato de colocar a pessoa que ora como intermediária entre Deus e as pessoas em necessidade. Assim como Jesus é nosso advogado (intercessor) entre Deus e o pecador (1Jo 2.1-2; Hb 7.25), o intercessor humano apresenta as necessidades de outros — os que não se sentem capazes ou que não estão conscientes desse privilégio — diante de Deus.

Como exercício, formule e escreva três breves orações baseando-as nas seguintes porções das Escrituras:

Colossenses 1.3-12	Efésios 1.15-23	Salmo 23

Outras disciplinas espirituais que incentivam a intimidade com Deus

Em seu livro *O pastor segundo Deus*, Eugene Peterson apresenta uma terceira disciplina essencial para o ministério pastoral. Além da oração e da leitura da Palavra, há a disciplina da "orientação espiritual". Ao praticar a respiração espiritual — de inspiração (leitura da Palavra) e expiração (oração) —, todos nós podemos nos beneficiar de algum encorajamento e treinamento.

Orientação espiritual é a disciplina que nos mantém conectados a fim de que prestemos contas uns aos outros em nossa jornada de intimidade com Deus. O Espírito Santo é nosso principal *Paracletos* (Consolador ou Encorajador) para nos ensinar e lembrar da importância das disciplinas espirituais (Jo 14.26; 1Co 2.12). Todavia, também precisamos de mentores que nos auxiliem em meio a caminhos acidentados ou pedregosos. As disciplinas espirituais são individuais, mas também são coletivas. São disciplinas para serem vividas em comunidade. Os perigos e os obstáculos no caminho da intimidade e da santidade são tantos, que precisamos da ajuda de pessoas idôneas para avançar. Procure seu lugar de oração para ficar a sós com Deus a fim de praticar essas disciplinas, mas não se esqueça de também procurar a ajuda de outros em um grupo de pastoreio ou mentoria para orientação espiritual.

PARA REFLETIR

Como você pratica as disciplinas espirituais em sua vida pessoal?

Descreva uma experiência de solidão ou de passagem por um "deserto espiritual" que influenciou sua vida e ministério.

Descreva seus hábitos de leitura bíblica e de meditação na Palavra de Deus.

6

Fortaleça seu caráter espiritual

....

Davi tem seu caráter testado
(*Leia 2Samuel 11*)

> Por que, então, você desprezou a palavra do Senhor e fez algo tão horrível? Você assassinou Urias, o hitita, com a espada dos amonitas e roubou a esposa dele!
>
> 2Samuel 12.9

"No começo do ano, época em que os reis costumavam ir à guerra": assim começa o famoso relato de 2Samuel 11. Acontece que Davi não havia ido com seus soldados à guerra; ele estava no palácio real. Que ironia! Naquela ocasião, quando Davi estava no lugar e na hora errado, ele deparou com um teste de seu caráter. No terraço de sua casa, ele observa Bate-Seba tomando banho. É a esposa do soldado Urias, que naquele momento estava longe dali, lutando por Israel. A cobiça dominou o coração do rei, o que resultou em adultério. Davi tentou encobrir seu pecado com atos de engano e violência. Enviou Urias para a linha de frente da batalha a fim de que fosse morto e depois se sentiu justificado para tomar Bate-Seba como esposa.

Nesse triste episódio da vida de Davi, detectamos várias brechas em seu caráter. Seu lapso moral não foi só o adultério, mas incluiu homicídio, constrangimento e violência. Sua falha de caráter foi grave.

O maravilhoso nesse triste episódio é que Davi recuperou sua integridade por meio de arrependimento sincero e uma humilhação que só a graça de Deus pode produzir no coração humano (2Sm 12.13-25). Todavia, ele ainda teria de pagar um preço enorme em seu ministério e em sua família. O caminho de retorno foi áspero e pedregoso.

Uma lição importante para líderes hoje encontra-se na exortação de Paulo aos coríntios: "Tais coisas aconteceram como advertência para nós, a fim de que não cobicemos o que é mau, como eles cobiçaram [...]. Portanto, se vocês pensam que estão de pé, cuidem para que não caiam" (1Co 10.6,12).

Quando o caráter do líder é testado

No final de sua vida ativa, muitos líderes querem ser lembrados como alguém que foi fiel e cumpriu bem seu ministério. Hoje em dia, porém, esse alvo parece cada vez mais difícil de ser alcançado. Será que não percebemos os perigos no caminho, ou será que nos imaginamos imunes às tentações? O que está acontecendo, e como podemos nos preparar para fortalecer o caráter e permanecer firmes até o fim?

Identificando os perigos no ministério

Hernandes Dias Lopes, em seu livro *De pastor a pastor*, enumera vários perigos que os pastores enfrentam ao longo do ministério. São adversários internos e externos. Quais desses perigos são identificáveis em seu contexto? O que você pode fazer para corrigir essas falhas e evitar esses perigos?

- Falta de conversão legítima
- Preguiça
- Despotismo
- Ganância
- Autoengano

- Vida em pecado
- Falta de vocação
- Ignorância financeira
- Instabilidade emocional
- Confusão teológica
- Casamento destruído
- Medo de fracassar

Pensando nessa lista, quantos itens podem ser observados entre líderes em nossa cidade hoje?

Identificando as escolhas no ministério

Gary Hoag, em seu livro *A escolha*, descreve dois caminhos para o líder ao longo do processo de desenvolvimento ministerial: o "caminho comum" e o "caminho do reino". Ele identifica cinco fatores que comumente são usados para avaliar ou medir o sucesso de um ministério. Esses fatores demostram como o caminho comum é distinto do caminho do reino. Que medida você está usando para avaliar o sucesso de seu ministério? A resposta pode indicar uma área de caráter que precisa alinhar-se com os valores do reino, e não com os do caminho comum (secularizado ou mundano).

Fator para medir o sucesso	O caminho comum	O caminho do reino
Liderança	Guiada pela produção	Baseada em mordomia
Estratégias	Baseadas em expansão	Focadas em fidelidade
Sucesso	Orientado por princípios de mercado	Orientado por princípios eternos
Gestão	Baseada em resultados	Baseada em relacionamento
Uso de recursos	Visão utilitária	Visão baseada em mordomia

Comparando os fatores para medir o sucesso nos dois caminhos de ministério, descreva os desafios relacionados à escolha consistente do caminho do reino em contraste com o caminho comum. Quais são as armadilhas e os adversários nesse caminho?

Identificando as tentações comuns no ministério

No episódio da tentação de Jesus no deserto encontramos três grandes tentações que pastores e líderes enfrentam no ministério e que encontram paralelos nos textos de Gênesis 3.6 e 1João 2.16.

Gênesis 3.6 (O fruto)	1João 2.16 (O mundo)	Lucas 4.1-13 (A tentação)
Agradável aos olhos	Lascívia dos olhos	Controle
Boa para comer	Lascívia da carne	Idolatria
Desejável para dar entendimento	Lascívia da vida	Orgulho

Além do uso correto das Escrituras, que outras prevenções ou correções essas passagens recomendam para que superemos as tentações no ministério?

Reflexões sobre um ministério bem-sucedido

O pastor John M. Drescher, em seu livro *Se eu começasse meu ministério de novo*, sugere algumas atitudes que podem contribuir para um ministério renovado e atuante. Ele descreve atitudes e ações que incorporaria em seu ministério, caso tivesse a oportunidade de recomeçá-lo. Para nós atualmente no ministério, é útil receber essas lições de alguém que precisou aprendê-las na dura escola da vida. Incluo aqui apenas seis de suas declarações, acrescidas de uma pergunta para reflexão em cada ponto.

Começando de novo, John Drescher procuraria...	E você?
Ser mais disciplinado no cultivo da própria vida espiritual.	Anote três disciplinas essenciais para cultivar sua vida espiritual.
Tornar o ministério mais centralizado em Cristo.	O que significa ter um ministério mais centralizado em Cristo?
Reconhecer que não é a eloquência, e sim a habilitação do Espírito Santo que cumpre o propósito de Cristo no ministério.	O que significa uma dependência maior da pessoa do Espírito Santo?
Sempre ter em mente que o chamado não é para controlar a fé das pessoas, mas para amá-las dentro do reino de Deus.	Cite três formas práticas de amar as pessoas "dentro do reino".

Sempre ter consciência de que Deus está operando em pessoas, lugares e programas nos quais eu menos espero.	Anote três ministros ou ministérios que você admira e o que pode aprender com eles.
Tomar cuidado com certas armadilhas do ministério.	Anote três armadilhas do ministério com as quais você deve tomar maior cuidado.

Muitos problemas no ministério e na vida pessoal do líder podem ser relacionados a falhas no caráter. Quando estamos constantemente envolvidos com outras pessoas e seus problemas, é normal criarmos mecanismos de proteção a fim de evitar que sejamos machucados ou sobrecarregados pelas dificuldades alheias. O problema acontece quando tais mecanismos encobrem nossa vulnerabilidade e nos tornam insensíveis às necessidades das pessoas. Nesse caso, é preciso uma profunda obra do Espírito Santo em nossa vida.

Considere uma lista de problemas que o papa Francisco afirmou, em 2014, serem as "doenças graves" da Cúria Romana. Quais desses sinais também podem indicar problemas de saúde emocional ou de caráter em seu ministério cristão?

- Sentir-se autossuficiente, não fazendo autocritica, não se atualizando e não tentando melhorar.
- Perder a sensibilidade que faz chorar com os que choram.
- Limitar a liberdade do Espírito Santo devido ao excesso de planejamento.
- Fazer da aparência e dos títulos o principal objetivo da vida.
- Cortejar os superiores e honrar pessoas que não são de Deus, esperando por sua benevolência.
- Por ciúmes ou astúcia, ficar contente com a queda de alguém, em vez de ajudá-lo.
- Ter um "rosto fúnebre" ou de medo, quando o ministro deveria expressar alegria por onde passa.
- Formar "círculos fechados" que buscam ser mais fortes do que os outros.
- Querer mostrar-se mais capaz do que os outros, por meio de calúnia e difamação.
- Esquecer o fervor inicial, o encontro com o Senhor.[3]

[3] Adaptado de "Igreja sofre de 'esquizofrenia' e 'alzheimer espiritual', diz papa", *Folha de S. Paulo*, 23 de dezembro de 2014, p. A8.

Qual é sua reação quando alguém questiona suas palavras ou ações porque elas não refletem o caráter de Cristo? O que fazer quando seus pensamentos ou subsequentes ações o levam a se desviar de uma conduta bíblica que você mesmo estabeleceu para si como estandarte de conduta cristã?

O apóstolo Paulo reconhecia um grande conflito interno quando considerava seu progresso espiritual em Cristo Jesus. Por um lado, reconhecia um grande prazer em querer cumprir a lei de Deus; ao mesmo tempo, deparava com a lei do pecado que operava nos membros de seu corpo (Rm 7.21-24). O desejo de ter o caráter de Cristo plenamente formado o fez clamar em desespero: "Como sou miserável! Quem me libertará deste corpo mortal dominado pelo pecado?". Mas Paulo não nos deixa sem resposta, porque em seguida ele apresenta a solução. Sua resposta é a mesma que cada um de nós precisa descobrir na própria vida. Com alívio, Paulo declara: "Graças a Deus, a resposta está em Jesus Cristo, nosso Senhor" (Rm 7.25).

Alguns expositores acreditam que essa passagem se refere a um período pregresso na vida do apóstolo, enquanto outros reconhecem na luta de Paulo uma luta diária de cada cristão. Paulo tinha suficiente experiência na vida cristã para afirmar pouco depois, em Romanos 8.28-29, que "Deus faz todas as coisas cooperarem para o bem daqueles que o amam e que são chamados de acordo com seu propósito. Pois Deus conheceu de antemão os seus e os predestinou para se tornarem semelhantes à imagem de seu Filho, a fim de que ele fosse o primeiro entre muitos irmãos". Essa mesma finalidade do cristão é reforçada na carta à igreja em Colosso, quando Paulo descreve o almejado fruto de seus esforços ministeriais: "Deus queria que eles soubessem que as riquezas gloriosas desse segredo também são para vocês, os gentios. E o segredo é este: Cristo está em vocês, o que lhes dá a confiante esperança de participar de sua glória!". Na visão de Paulo, não havia sido inútil seu trabalho "para apresentá-los maduros em Cristo" (Cl 1.27-28). Assim podemos perceber que a formação do caráter cristão é uma realidade para ser apropriada, mas também é um processo que pode levar anos.

Pessoalmente, quero terminar bem minha carreira como Paulo declarou em 2Timóteo 4.7-8, a exemplo de inúmeros outros líderes. Oro para que esse desejo invada também seu coração e que você caminhe fielmente nessa mesma direção.

Para refletir

Como você reage quando a formação do caráter cristão em sua vida parece demorar demais? Que ações um líder deve tomar quando se vê desviando-se do padrão de caráter cristão?

7

Invista tempo e energia na família

....

Davi enfrenta dificuldades com a família

(*Leia 2Samuel 13 — 14*)

> Joabe foi a Gesur e trouxe Absalão de volta a Jerusalém. O rei, porém, deu a seguinte ordem: "Absalão pode ir para casa, mas não deve vir à minha presença". Portanto, Absalão não viu o rei.
>
> 2Samuel 14.23-24

Monarca de grande poder e influência, Davi era visto como modelo para o povo de Israel. No âmbito familiar, porém, sofria inúmeras derrotas. Eram vários os problemas que enfrentava com as esposas e os filhos: ciúmes, intrigas, violência, rebelião, entre outros.

Davi foi um líder com muitas qualidades. Era guerreiro, teólogo, militar e estrategista. Era um homem de ação, e ao mesmo tempo cultivava momentos de meditação e devoção a Deus. No entanto, como esposo e pai, falhou repetidamente.

Aliás, é significativo que os problemas de Davi com seus filhos tenham crescido exponencialmente logo após seu caso extraconjugal com Bete-Seba (2Sm 11). Ao que parece, uma falha na área da moralidade pessoal tende a contagiar negativamente outras pessoas, e não apenas os imediatamente envolvidos.

Em 2Samuel 13, encontramos um conflito envolvendo os irmãos Absalão e Tamar e um meio-irmão, Amnom, todos eles filhos de Davi. Amnom se apaixonou por Tamar. Jonadabe, um sobrinho de Davi, ao ver o primo angustiado, sugere um plano para que Amnom se aproxime de Tamar. Amnom se finge doente, e Tamar vai vê-lo em seu quarto, onde é violentada. A reação de Davi como pai foi a negligência, simplesmente ignorando o problema. Ele irou-se, mas não interferiu nem tratou de exigir reparação, e aparentemente não reconheceu o complô de Absalão contra Amnom, até que Absalão consumasse sua vingança contra o meio-irmão.

Davi pagou caro por sua indiferença e seus descuidos no âmbito familiar. Com o passar do tempo, Absalão ganhou o coração do povo e Davi se viu obrigado a fugir de Jerusalém para salvar a própria vida (2Sm 15). Ele só retorna a Jerusalém depois da morte de Absalão (2Sm 18). Ao receber a notícia da morte do filho, Davi chora desconsoladamente, o que resulta em constrangimento diante de todos os que haviam lutado para preservar a vida do rei durante a rebelião de seu filho (2Sm 19.1-5).

Quantas lições importantes podemos apreender com os erros de Davi e sua família! Que Deus nos ajude a ter famílias que reflitam os valores do reino, e que sejamos cheios da graça de Deus em nossos relacionamentos familiares.

A importância da família na vida do líder

Sob qualquer perspectiva, o exemplo de Davi como pai e líder de sua família nos deixa inquietos e em alerta. Tão somente a graça de Deus é capaz de restaurar e transformar para o bem uma situação familiar desesperadora. Nossa família e nossa liderança carecem dessa mesma graça. Ao descuidar da família e de seus membros, o líder sofrerá desgaste emocional e físico. Quantas horas, dias e até anos Davi desperdiçou correndo atrás dos danos causados por seu descuido com a família? O bem-estar emocional e a saúde espiritual e física da família são essenciais para que o ministério seja duradouro e deixe um legado positivo. Não podemos descuidar da família sem sofrer consequências graves.

Ross Campbell foi pioneiro em seu trabalho de ajudar famílias a investirem o tempo necessário para criar filhos emocionalmente saudáveis. Em seu livro *Como realmente amar seu filho*, ele descreve o conceito de um tanque emocional, pelo qual cada pessoa recebe e descarrega informações e experiências. Campbell defende a necessidade de manter cheio o reservatório emocional dos filhos, abastecendo-o com informações e experiências positivas. Experiências e informações negativas, por sua vez, afetarão o fluxo de descarga do tanque. O importante dessa ilustração é que a entrada (armazenamento) deve sempre exceder o esvaziamento.

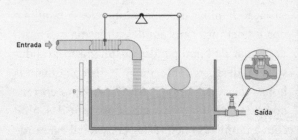

A metáfora do tanque emocional também serve para descrever o investimento que nós, como líderes, fazemos no cônjuge e na família. A questão é: como contribuir com informações, atividades e experiências que mantenham cheio o tanque emocional dos membros de minha família?

Cada pessoa tem atividades e coisas que servem para "encher o tanque emocional" e que lhe dão energia para trabalhar e relacionar-se. Esse tanque emocional tem uma entrada e uma saída. Aquilo que entra no tanque nos dá energia e serve de reserva nos tempos difíceis. A vazão do tanque são as atividades e os relacionamentos que nos desgastam e nos roubam energia.

Pense um pouco e faça uma lista das atividades e coisas que enchem ou esvaziam seu tanque emocional. O que acontece quando sua agenda está sobrecarregada e lhe falta tempo ou energia para seguir em frente? Será que é um sinal de que seu tanque emocional está esvaziando mais rápido do que deveria? Qual o perigo de eliminar atividades e experiências que enchem o tanque, em vez de reduzir o número daquelas que o esvaziam? Como você mantém cheio seu tanque emocional? Que práticas ou disciplinas regulares devem ser incorporadas em sua rotina para cuidar de sua saúde emocional e física?

O que enche o tanque emocional?	O que esvazia o tanque emocional?

Para refletir

Faça o desenho de um tanque com uma entrada e uma saída para cada membro de sua família. Que atividades e experiências enchem ou esvaziam o tanque emocional de cada um?

Como você pode contribuir para que esses tanques se mantenham com a reserva emocional adequada?

8

Prepare outros líderes para formar uma equipe

....

Davi e seus homens valentes

(Leia 2Samuel 23)

> Então os Três atravessaram as fileiras dos filisteus, tiraram água do poço e a trouxeram a Davi. Ele, porém, se recusou a bebê-la. Em vez disso, derramou-a no chão como oferta ao SENHOR. "Que o SENHOR não permita que eu beba desta água!", exclamou. "Ela é tão preciosa quanto o sangue destes homens que arriscaram a vida para trazê-la." E Davi não a bebeu. Esses são exemplos dos feitos desses três guerreiros.
>
> 2Samuel 23.16-17

Davi aprendeu sobre liderança em meio à correria. Fugindo da presença do rei Saul, que queria matá-lo, tornou-se o líder de um bando de homens endividados e amargurados de espírito (1Sm 22.2).

Com esse grupo Davi compartilhava a vida e as experiências, comunicando sua visão de um Israel forte e grandioso. No início dessa jornada, o bando de Davi se encontrou com Saul numa caverna, o que se configurou uma oportunidade fácil de matar o rei. Os homens queriam matar Saul, mas Davi se arrependeu por tão somente ter cortado a borda de seu manto (1Sm 24.1-7). Davi estava ensinando àqueles homens a importância de respeitar uma autoridade instituída por Deus. No decorrer dos anos de fuga no deserto, e depois no palácio real em Jerusalém, esses homens aprenderam lealdade e compromisso com seu líder. O que começou como um bando de rejeitados veio a se tornar um formidável exército de guerreiros que fariam qualquer coisa por seu líder.

Davi, por sua vez, aprendeu com seu grupo a importância da discrição ao comunicar planos e sonhos. Ser um líder implica responsabilidades quanto ao bem-estar de cada membro da equipe. Em Ziclague os homens que acompanhavam Davi estavam amargurados com o sequestro de suas famílias e seus bens pelos amalequitas. Estavam a ponto de rebelar-se contra seu líder e ameaçaram apedrejá-lo (1Sm 30.1-6). Davi também estava angustiado e, nesse momento, ele se reanimou no Senhor. Com isso, foi exemplo de um líder que também se submetia e confiava sua vida a um poder superior a fim de receber direção. Depois de recuperar as posses que haviam sido sequestradas, Davi introduziu uma lei em Israel que estipulava que tanto os que batalhassem à frente como os que ficassem na retaguarda receberiam partes iguais dos despojos (1Sm 30.23-25). Assim, Davi demostrava sua preocupação e cuidado por todos os membros de sua equipe.

Ao relatar o fim da vida de Davi, as Escrituras mencionam mais uma vez esse bando de homens, agora reconhecidos como os valentes de Davi. Entre os trinta homens de renome, três eram excepcionalmente valentes. Certa ocasião, Davi estava a dois quilômetros de Jerusalém, que havia sido ocupada pelos filisteus. Ele suspirou seu desejo de beber água de uma fonte em Jerusalém. Três dos homens valentes partiram de imediato e lhe trouxeram água. Em deferência a tamanha valentia, Davi recusou beber, dizendo que valorizava a coragem e o sacrifício desses homens valentes mais que sua própria necessidade e desejo (2Sm 23.15-17).

Líderes que investem em equipes de ministério

Um comentário frequentemente repetido por muitos líderes é que se sentem sós. Líderes têm dificuldade em dispor de amigos de confiança que realmente entendam os desafios de sua responsabilidade. De fato, a posição de liderança tende ao isolamento, mas isso não significa que devamos nos contentar com essa condição. O exemplo de Davi nos encoraja a perseverar no trabalho com as pessoas que Deus colocou em nossas equipes ministeriais. Precisamos confrontar o modelo de liderança solitária que nos torna mais vulneráveis ao desânimo e aos ataques do inimigo.

Ao refletir sobre meus anos de ministério, primeiro na Bolívia e depois no Brasil, reconheço que os melhores anos foram aqueles em que participei ativamente de equipes de outros líderes. Na Bolívia, administramos um centro de treinamento para líderes rurais, e os professores que nos visitaram fizeram parte de nossa equipe. Tínhamos equipes de ministério para evangelismo e para plantação de igrejas na Bolívia e depois em Mato Grosso.

Muitas vezes, o bom funcionamento da equipe era dificultado pelo isolamento geográfico e o distanciamento de outros colegas. Outros líderes viviam muito ocupados, e era difícil encontrar tempo para estarmos juntos e compartilharmos ministérios e lutas da vida. Quando, porém, conseguíamos trabalhar juntos numa equipe de ministério, desfrutávamos de sinergismo e de energias multiplicadas para a realização do trabalho. Não é fácil formar e manter uma equipe afinada e operante, mas as vantagens de contar com companheiros na obra são muitas.

Um modelo neotestamentário de liderança que capacita e multiplica líderes

O relacionamento de Jesus com seus discípulos nos apresenta um modelo de liderança que reproduz outros líderes. Jesus "chamou aqueles que ele desejava que o acompanhassem", a fim de que "o seguissem e fossem enviados para anunciar sua mensagem" (Mc 3.13-15).

Robert Coleman escreveu um livro chamado *O plano mestre de evangelismo*, no qual mostra que os métodos do discipulado de Jesus podem ser aplicados ao líder espiritual e seus seguidores. Observemos alguns desses princípios:

1. Jesus selecionou homens com interesse espiritual (Jo 1.35), aptos para ser instruídos (2Tm 2.2) e, estrategicamente, para ensinar outros.

2. Passou tempo com eles (Lc 8.10):
- Retirava-se para estar a sós com eles (Mc 7.24,31; 8.10,27).
- Deu-lhes testemunho pelo modelo de sua própria vida (Jo 15.27).
- Comunicou-lhes a urgência de encontrar os perdidos (Lc 19.10).
- Foi flexível em seus planos com eles (Jo 4.39-42).

3. Ensinou obediência (Jo 14.21,23):
- Lição de abnegação de si mesmo (Mt 16.24-26).

- Lição de dependência no Espírito Santo (Mt 10.19; Jo 14.12; 16.14).
- Lição de conhecer a vontade do Pai (Jo 13.15-16).

4. Compartilhou seu ensinamento na prática diária:

- Orando (mais de vinte vezes com seus discípulos).
- Utilizando as Escrituras (Lc 4.16-2 Jo 5.38-39).
- Batizando (Jo 4.2).

5. Ensinou a reprodução espiritual:

- Enviou os doze discípulos e os "setenta" para pregar (Lc 9.1; 10.1).
- Preparava-os para sofrer perseguições (Mt 5.10-11,16.18).

6. Restaurou os discípulos quando caíram (Jo 13.37,38; 18.27; 21.15-17).

Ken Blanchard e Phil Hodges, no livro *Lidere como Jesus*, destacam Jesus como o modelo supremo de um líder, o servo que se dedicou a formar uma equipe que transformou o mundo. Segundo os autores, Jesus investia sua liderança em quatro esferas: liderança pessoal (de si mesmo), liderança individual um a um (no discipulado), liderança de um pequeno grupo (com os três e com os doze discípulos) e liderança organizacional (de um movimento que resultaria na igreja cristã). Jesus dedicava mais tempo às primeiras três esferas de liderança durante seu ministério terreno, deixando a maior parte de liderança organizacional para o Espírito Santo efetuar depois de sua ascensão (Jo 16.7-16; At 1.1-5). Em seu ministério inicial, portanto, Jesus se dedicava a formar o coração e a mente dos discípulos, um a um, e a montar uma equipe ministerial eficaz e dinâmica.

O apóstolo Paulo entendeu muito bem a importância de treinar líderes por meio do discipulado, reconhecendo os dons espirituais conferidos a cada membro para servirem uns aos outros. Ele comunicava em suas epístolas uma clara visão da finalidade de seus esforços em fazer discípulos. "Cristo está em vocês, o que lhes dá a confiante esperança de participar de sua glória", escreve ele, "para apresentá-los maduros em Cristo" (Cl 1.27-28). Ele entendeu que os dons espirituais são dados à igreja com o objetivo de "preparar o povo santo para realizar sua obra" (Ef 4.12).

Em 2Timóteo 2.1-7, vemos as qualidades de um discípulo, que Paulo queria transmitir a Timóteo:

- Fortalecido na graça de Deus (v. 1).
- Capaz de transmitir sua fé a outros (v. 2).
- Disposto a aprender por meio do sofrimento (v. 3).
- Focado no que é mais importante (v. 4).
- Age segundo as regras (v. 5).
- Aguarda com esperança sua recompensa futura (v. 6).
- Cultiva o discernimento em tudo (v. 7).

Em termos práticos, David Kornfield descreve, no livro *Equipes de ministério que mudam o mundo*, as características de equipes que produzem o sinergismo capaz de causar um impacto muito além da soma de resultados individuais de cada membro. Segundo ele, são oito as características práticas de uma equipe de alto rendimento:

1. Orientação e unção divinas (visão).
2. Propósitos comuns (missão e valores).
3. Papéis claros (dons espirituais).
4. Liderança facilitadora (liderança serva).
5. Administração eficiente.
6. Treinamento formativo.
7. Relacionamentos saudáveis.
8. Comunicação excelente.

Um discípulo de Kornfield é o pastor Bonerges

Neto, de Recife. Na apostila do retiro de MAPI 2012, Neto descreveu o processo de discipulado dentro de uma equipe segundo o modelo de Jesus com seus discípulos. Jesus implementou uma equipe dinâmica de liderança com seus discípulos:

- Escolheu um grupo para acompanhá-lo (Mc 1.16-19).
- Conviveu com um pequeno grupo específico (Mc 3.14).
- Compartilhou uma variedade de experiências ministeriais (Mc 1.38; 4.35-41; 6.7-12; 35-44).
- Investiu tempo neles desenvolvendo amizade (Jo 13.1-3; 15.13-16; 17.6).
- Cobrou altas exigências de conduta que eram dignas de imitação (Lc 9.23-26,56, 57-62; 14.25-35).

PARA REFLETIR

O que significa para você o fato de que Jesus dedicou pouco tempo à liderança organizacional, dando preferência às primeiras três esferas de liderança?

Como você pode incorporar melhor o valor da equipe em seu ministério atual?

Avalie dentro de seu contexto de liderança as oito características de uma equipe de alto rendimento.

9
Pratique compaixão e misericórdia

....

Davi manteve o coração sensível e compassivo
(*Leia 2Samuel 9*)

> Então o rei lhe perguntou: "Resta alguém da família de Saul? Se resta, gostaria de mostrar a bondade de Deus para com ele". "Um dos filhos de Jônatas ainda está vivo", respondeu Ziba. "Ele é aleijado dos dois pés."
>
> 2Samuel 9.3

Com a morte do rei Saul (1Sm 31), o reinado de Davi começou a consolidar-se. Havia sinais de que a nação de Israel estava finalmente entrando num período de estabilidade. Ungido publicamente como rei de toda a nação, Davi continuou ganhando batalhas contra os inimigos de Israel. Além disso, instalou-se em Jerusalém e acumulou mais mulheres e concubinas, com as quais teve filhos e filhas (2Sm 5). Davi estava fortalecendo seu reinado e poder, mas ainda tinha simpatia pelos membros da casa de Saul. Certo dia perguntou se ainda restava alguém da casa do antigo rei a quem ele pudesse mostrar a bondade de Deus (2Sm 9.1-3).

Aqui encontramos outro sinal da grandeza da liderança de Davi em meio à sua ascensão no poder: ele se lembra de mostrar misericórdia e compaixão a um parente de seu adversário Saul. Um servo da casa de Saul, Ziba, informa a Davi que sobreviveu um filho de Jônatas, aleijado dos pés, cujo nome era Mefibosete. O rei manda trazê-lo e lhe oferece a restauração de terras e riquezas, além de uma nova posição, tendo lugar à mesa real (2Sm 9.10-13).

Trata-se de uma figura da graça de Deus em ação. Davi mostra misericórdia e compaixão aos excluídos e vulneráveis. Como rei, ele exemplifica o futuro Rei Jesus, que veio anunciar as boas-novas aos pobres, enfermos e marginalizados. Como membro da família de Saul, Mefibosete era vítima de discriminação e ostracismo social, mas agora é recebido na casa do rei. Apesar de sua posição de autoridade e realeza, Davi não esqueceu que a misericórdia e compaixão de seu Deus são elementos fundamentais na prática diária de um líder de verdadeira grandeza.

O que o mundo precisa ver em líderes espirituais

Jesus foi enfático quando disse a seus discípulos que os valores no reino de Deus se opunham aos valores deste mundo. No reino de Deus o primeiro é o último e o maior é o menor, e para ganhar é preciso primeiro perder. Em termos de liderança, Jesus demostrava com o próprio exemplo que o maior no reino seria o servo de todos. O primeiro também seria quem fosse o servo de todos. Uma total inversão de valores (Mc 10.42-45).

Liderança-serva nos moldes de Jesus Cristo é o que o mundo precisa ver hoje. Eu creio que parte da grandeza de Davi, como um homem segundo o coração de Deus, foi sua demonstração de compaixão e misericórdia ao servir a Mefibosete quando levou esse parente de Saul para sua casa e lhe proporcionou um recomeço.

Na prática ministerial, a liderança-serva é evidenciada quando os membros ganham um enfoque externo, voltado para o serviço à comunidade e ao mundo.

Existe hoje um movimento de igrejas chamadas "missionais" que estão experimentando crescimento numérico e espiritual em suas comunidades. São igrejas evangélicas cujo enfoque e prioridade é levar seu ministério para "o lado de fora", a fim de ministrar e servir em comunidades e ao lado de pessoas que moram nesses lugares. Isso significa que os líderes dessas igrejas também têm um enfoque voltado para fora das quatro paredes eclesiásticas. Essas igrejas são dirigidas por líderes que adaptam seus ministérios a uma perspectiva de ação voltada para fora.

Rick Rusaw e Eric Swanson, na obra *The Externally Focused Church* [A igreja voltada para fora], citam algumas características de igrejas com esse enfoque externo:

- Preocupam-se em ser fortes internamente, contudo com enfoque em ministérios fora da igreja.
- Integram as boas-novas e as boas obras na vida dos membros da igreja.
- Priorizam o impacto na comunidade mais que os números de assistência dentro da igreja.

- Procuram ser sal, luz e fermento na comunidade ao redor.
- Percebem-se como um reflexo da "alma" da comunidade.
- Preocupam-se se a comunidade ao redor sentiria sua falta com sua saída.

Por experiência, essas igrejas que enxergam para "o lado de fora" têm como prioridade servir entre dois grupos principais: 1) grupos de pessoas marginalizadas e pobres que moram nas proximidades da igreja; 2) grupos de pessoas que moram na mesma cidade da igreja e que estão em condição de vulnerabilidade.

Quatro princípios que essas igrejas observam são encontrados no texto de Isaías 59.1-12:

1. Boas-novas e boas obras são integradas no ministério.
2. A igreja se enxerga como essencial para a saúde e o bem-estar da comunidade "do lado de fora".
3. Ministrar e servir na comunidade são atividades normais para todo cristão.
4. Servir na comunidade torna o evangelismo mais efetivo.

Considere os seguintes textos bíblicos que

mencionam as boas-novas e as boas obras em sintonia. Sublinhe as palavras que se referem às boas obras ou ao serviço.

Vocês são salvos pela graça, por meio da fé. Isso não vem de vocês; é uma dádiva de Deus. Não é uma recompensa pela prática de boas obras, para que ninguém venha a se orgulhar. Pois somos obra-prima de Deus, criados em Cristo Jesus a fim de realizar as boas obras que ele de antemão planejou para nós.

Efésios 2.8-10

Ele designou alguns para apóstolos, outros para profetas, outros para evangelistas, outros para pastores e mestres. Eles são responsáveis por preparar o povo santo para realizar sua obra e edificar o corpo de Cristo.

Efésios 4.11-12

Toda a Escritura é inspirada por Deus e útil para nos ensinar o que é verdadeiro e para nos fazer perceber o que não está em ordem em nossa vida. Ela nos corrige quando erramos e nos ensina a fazer o que é certo. Deus a usa para preparar e capacitar seu povo para toda boa obra.

2Timóteo 3.16-17

Pensemos em como motivar uns aos outros na prática do amor e das boas obras.

Hebreus 10.24

Deus concedeu um dom a cada um, e vocês devem usá-lo para servir uns aos outros, fazendo bom uso da múltipla e variada graça divina.

1Pedro 4.10

Ensine aos ricos deste mundo que não se orgulhem nem confiem em seu dinheiro, que é incerto. Sua confiança deve estar em Deus, que provê ricamente tudo de que necessitamos para nossa satisfação. Diga-lhes que usem seu dinheiro para fazer o bem. Devem ser ricos em boas obras e generosos com os necessitados, sempre prontos a repartir. Desse modo, acumularão tesouros para si como um alicerce firme para o futuro, a fim de experimentarem a verdadeira vida.

1Timóteo 6.17-19

Existe em seu ministério algum tipo de restrição à prática de boas obras fora do contexto da igreja local? O que significa praticar "boas obras" fora da igreja?

Igrejas — e consequentemente sua liderança — focadas no ministério externo compreendem que congregações com uma forte ênfase em justiça social e com a participação de membros em ministérios de serviço na comunidade são mais aptas para crescer e ser saudáveis.

Eis algumas das estratégias de igrejas com um enfoque externo:

- Identificam as necessidades na comunidade e começam a trabalhar com elas.
- Estabelecem parcerias com agências ou programas já existentes nas comunidades.
- Estabelecem parcerias com organizações moralmente positivas e espiritualmente neutras.
- Convidam todos os seus membros para se envolver no serviço na comunidade e ser proativos.
- Mantêm abertos os olhos e a mente a novas ideias voltadas para a solução de antigos problemas.

Igrejas com enfoque externo perguntam-se constantemente: O que podemos fazer para que a comunidade diga: "Deus está operando nessas pessoas, porque ninguém faria aquilo se Deus não estivesse com elas"?

Há alguns pontos para ponderar no que diz

respeito a mudar o enfoque interno de uma igreja para um enfoque externo:

- Examine o que a Bíblia ensina sobre boas obras.
- Expanda a definição de ministério na igreja local para incluir atividades externas.
- Faça do "ministério a outros" parte integral da vida cotidiana da igreja e da vida do discípulo.

Líderes que praticam a misericórdia e a compaixão como estilo de vida enxergam o serviço como o ponto de intersecção dos três principais interesses numa comunidade: 1) os interesses de Deus, 2) os interesses dos moradores da comunidade, e 3) os interesses da igreja na comunidade. Onde se vê a intersecção dos interesses de Deus e dos moradores na comunidade, pode-se ver as manifestações da graça comum (sinais do reino). Onde se vê a intersecção dos interesses de Deus e da igreja, pode-se ver ações de evangelismo e salvação espiritual. Onde se vê a intersecção dos interesses dos moradores e da igreja, muitas vezes se vê manipulação de poder ou um desejo de controle. Onde se vê a intersecção dos três interesses e onde todos podem expressar-se, ali está o centro de serviço.

Graça comum é um sinal da presença de Deus sem esforço dos cristãos. *Salvação espiritual* é o principal ministério que os cristãos desenvolvem na comunidade. *Manipulação* representa o conflito de interesses e as restrições que a comunidade e a igreja impõem uma à outra. *Serviço* é a intersecção dos três interesses onde todos falam a mesma linguagem.

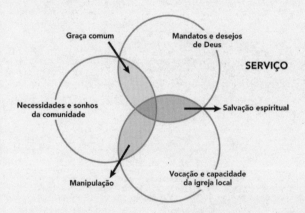

Para refletir

Descreva o enfoque de sua igreja. É interno ou externo?

Que oportunidades de servir podem ser adotadas pelos membros em sua igreja? Cite algumas.

Quais seriam os resultados positivos de ser uma igreja com um enfoque externo de ministério? Cite alguns.

10

Antecipe seu legado

....

Davi define os planos para construir seu legado
(Leia 1Crônicas 28)

> Davi se pôs em pé e disse: "Meus irmãos e meu povo! Era meu desejo construir um templo onde a arca da aliança do SENHOR, o lugar de descanso dos pés de nosso Deus, repousasse para sempre. Fiz os preparativos necessários para construí-lo, mas Deus me disse: 'Você não construirá um templo em honra ao meu nome, pois é homem de guerra e derramou muito sangue'".
>
> 1Crônicas 28.2-3

Davi cultivou intimidade com Deus ao longo de seus anos como pastor de ovelhas, como fugitivo no deserto e como rei da nação. Ao chegar ao fim da vida, ansiava construir uma casa para seu Senhor, um local para cultuar a Deus.

Como estrategista e militar, Davi foi excepcional,

mas o Senhor lhe comunicou que ele não poderia construir essa casa, pois era homem de guerra, com muito sangue derramado (1Cr 28.3). Em seu lugar, Salomão teria essa responsabilidade. O trabalho de Davi foi assegurar o sucesso da obra ao reunir de antemão todo o material e as instruções para a construção do templo. Ele planejou bem sua transição de poder e contou com conselheiros e voluntários preparados para trabalhar nessa obra.

A construção de uma casa para o Senhor tornou-se realidade, como um legado da grandeza da liderança de Davi. Todos os seus planos foram devidamente detalhados (1Cr 28.11-22). Ao comissionar seu filho Salomão, foi muito claro ao encorajá-lo e transmitir-lhe sua autoridade publicamente. Davi também foi cuidadoso ao animar os israelitas com uma visão da grandeza do Deus a que eles serviam. Embora Davi não tenha visto a construção do templo, sua visão foi comunicada com uma clareza que mobilizou a nação e assegurou que seu legado fosse lembrado por muitas gerações.

Pensando em seu legado

Muitos líderes estão tão ocupados com atividades e planos para o presente que lhes resta pouco tempo para pensar no futuro distante. Somos muitas vezes controlados de tal maneira pela "tirania do urgente", que nos vemos incapazes de enxergar além. Mas uma perspectiva de longo prazo é uma qualidade essencial de líderes de influência e impacto. O rei Davi, ao planejar a construção de uma casa para seu Senhor, estava vislumbrando o futuro, para além de sua presença física neste mundo.

Eis algumas frases que descrevem a importância de um legado:

- "Legado é a marca que você deixa no futuro" (Brian Dodd).
- "O legado é gravado no coração daqueles que depois contam sua história" (Shannon L. Alder).
- "Meu legado são os relacionamentos" (Tim Tucker).

O conceito de legado está relacionado a um ministério duradouro, que deixa um impacto nas futuras gerações de líderes. Para algumas pessoas que leem este livro, a ideia de planejar seu legado é uma novidade, especialmente se você está apenas no começo de sua caminhada. Mas o legado, assim como preparar uma mala para uma longa viagem, precisa ser objeto de planejamento desde os primeiros passos da jornada.

A lei do legado

John Maxwell, em seu livro *21 minutos de poder na vida do líder*, fala da "Lei do legado", que revela o valor duradouro de um líder. Na visão de Maxwell, deixar um legado é mais importante que deixar uma herança. Legados não são resultado do acaso, mas algo que demanda intencionalidade e esforço.

Jesus depositou seu legado em pessoas por meio de quatro elementos de treinamento: 1) instrução (Mc 4.11-12), 2) demonstração (Mc 1.13-14), 3) experiência (Lc 10.1-16), e 4) avaliação (Lc 10.17-24).

O legado que um líder pretende deixar para outros líderes precisa de planejamento. John Maxwell indica alguns passos para observar no desenho de um legado duradouro para outros líderes:

- Escolha com antecedência aquilo de que você está disposto a abrir mão.
- Tome a iniciativa no processo de investir em outros.
- Saiba quais objetivos precisam ser repassados a cada pessoa.

- Prepare-se para passar o bastão de maneira adequada.

Características de líderes que terminam seus ministérios aprovados

Paul D. Stanley e J. Robert Clinton, em seu livro *Connecting* [Conexão], examinaram a vida de centenas de pastores norte-americanos e identificaram seis características de líderes que terminaram bem seus ministérios. São elas:

1. Experimentaram intimidade com Cristo e momentos frequentes de renovação pessoal (Pv 4.23; Fp 3.10; Jo 14.21; Mt 11.28-30).
2. Tiveram uma perspectiva de longo prazo que lhes permitiu focar as prioridades certas no momento certo (Cl 1.27-28; Fp 1.12-19; Gl 2.7).
3. Praticaram disciplina pessoal em áreas importantes de sua vida (1Co 9.24-27).
4. Mantiveram uma atitude de aprendizagem contínua ao longo de sua vida (Fp 3.10-11).
5. Mantiveram uma rede de relacionamentos significativos e com vários mentores importantes durante sua vida.

6. Ajudaram outros a terminarem bem seus ministérios e deixarem um legado significativo.

O desafio para nós agora é descobrir como incorporar essas características, valores e princípios de ministério em uma filosofia simples e coerente que sirva como norte para nossa vida ministerial.

Quando comecei a fazer planos para uma mudança futura em meu ministério, alguns de meus colegas imaginavam que algo deveria acontecer logo. Comecei a receber perguntas como: "Você ainda está aqui? Pensei que estava indo embora!". Minha resposta simples era: "Não, eu estava só externando meus planos para o futuro".

Benefícios de uma filosofia de ministério

Jorge Barro, em seu livro *Pastores livres*, descreve alguns benefícios de dedicar tempo para elaborar sua própria filosofia bíblica de ministério:

- Unidade: em torno de uma visão e uma missão comum.
- Direção: a igreja (líder) precisa ter foco e rumo naquilo que faz.
- Clareza: explica a relação das partes (ministérios) com o todo (igreja).

- Autoavaliação: fornece meios de acompanhar o crescimento.

Prepare sua saída desde o início de sua chegada no ministério. Preparar líderes para dar continuidade a seu ministério faz parte do planejamento para um legado duradouro. Hans Finzel, em seu livro *Dez erros que um líder não pode cometer*, escreve sobre o perigo de sucesso sem sucessores. Líderes de sucesso programam sua partida (saída) desde sua chegada.

Porções bíblicas que ilustram elementos de uma filosofia de ministério

Paulo, em 2Coríntios 5, abre seu coração para falar de seu zelo pelo ministério apostólico. Depois de tratar da importância de viver à luz da temporalidade da vida (v. 1-10), ele destaca pelo menos quatro razões para ser encorajado no serviço ao Senhor (v. 14-21). Como essas razões se relacionam com seu ministério?

Conhecendo o temor ao Senhor (v. 11-13).	Como o temor ao Senhor influi em seu planejamento e ação como ministro?

Sendo dominado pelo amor de Cristo (v. 14-15).	Em seu ministério e com sua rede de relacionamentos, o que significa afirmar que "o amor de Cristo nos impulsiona"?
Tendo uma nova perspectiva das pessoas (v. 16-17).	Na prática, o que significa ter a perspectiva de que todas as pessoas podem ter "nova vida" em Cristo?
Recebendo o ministério da reconciliação (v. 18-21).	Como você inclui em seu ministério as várias dimensões de reconciliação entre pessoas, na sociedade e com a criação de Deus?

Em Hebreus 13.7-18, o autor apela a seus leitores que reconheçam o trabalho árduo dos líderes. Essa passagem contém elementos de uma filosofia de ministério para qualquer pastor ou líder e descreve características fundamentais de um ministério bíblico.

Lembrem-se de seus líderes que lhes ensinaram a palavra de Deus. Pensem em todo o bem que resultou da vida deles e sigam seu exemplo de fé. [...]

Portanto, não se deixem atrair por ensinos novos e estranhos. A força de vocês vem da graça de Deus. [...]

Obedeçam a seus líderes e façam o que disserem. O trabalho deles é cuidar de sua alma, e disso prestarão contas. Deem-lhes motivo para trabalhar com alegria, e não com tristeza, pois isso certamente não beneficiaria vocês.

Orem por nós, pois nossa consciência está limpa e desejamos viver de forma honrada em tudo que fazemos.

Hebreus 13.7,9,17-18

Descreva agora, nas linhas abaixo, sua filosofia de ministério.

_____

_____

_____

Seu maior legado

Segundo Dave Kraft, seu maior legado como líder é deixar atrás de si outros líderes que possam levar adiante a missão, depois que você já não estiver lá. O investimento de seu legado pode começar agora, no atual momento de seu ministério. Kraft oferece algumas sugestões para começar a desenvolver novos líderes e fazer o depósito de seu legado:

- Faça do desenvolvimento de novos líderes uma prioridade de seu ministério.

- Ore pelos líderes potenciais e para que Deus lhe dê coragem para abordá-los com o desafio de ser desenvolvidos como líderes.
- Comece com alguns que demostram espírito ensinável e disposição para crescer.
- Tenha preparado um bom material para treinar os novos líderes em competências essenciais para o ministério.
- Personalize seu plano de desenvolver líderes, segundo a necessidade de cada um.
- Delegue mais e mais responsabilidades aos novos líderes e continue a encorajar e acompanhar seu progresso com encontros regulares.

Para refletir

Que tarefas práticas você precisa realizar para preparar sua "filosofia de ministério"?

Em que áreas de liderança, ministério ou caráter você precisa se aprofundar?

Que pessoas você pode intencionalmente preparar para deixar seu legado?

Descreva a frase que você gostaria que as pessoas lessem em sua lápide.

PALAVRAS FINAIS

O legado de um líder
(segundo o coração de Deus)

Em seu livro *Etapas na vida de um líder*, J. Robert Clinton registra uma pesquisa com mais de seiscentos entrevistados na qual observou que líderes espirituais tendem a demonstrar as seguintes características:

1. *Presença de Deus*. Líderes espirituais reconhecem que a presença de Deus é imprescindível para um ministério efetivo, caracterizado por:

- Autoridade espiritual que procede da pessoa de Deus.
- Autoridade espiritual orientada pela Palavra de Deus.
- Decisões e atividades soberanamente influenciadas por Deus.

2. *Intimidade*. Líderes espirituais cultivam uma intimidade com Deus que transborda em todo o seu ministério, confirmando que ministério é mais o resultado do "ser" do que o "fazer".

3. *Intercessão*. Líderes espirituais são chamados para interceder por aquele ministério.

4. *Centralidade da Palavra*. Líderes espirituais reconhecem que a Bíblia, a Palavra de Deus, é a fonte primária para equipar líderes e, portanto, deve ser parte essencial do ministério.

5. *Aprendizagem contínua*. Líderes espirituais têm uma perspectiva de aprendizagem contínua, demonstrada por uma atitude de curiosidade que busca conhecer diferentes estilos de liderança e trocar ideias com outros líderes a fim de crescerem juntos.

6. *Bom término de seu ministério*. Líderes espirituais se preocupam em terminar bem e em deixar como contribuição final uma vida íntegra de testemunho cristão e um legado espiritual (2Tm 4.6-8).

Quando reflito sobre meu próprio ministério ao longo dos anos e examino meu coração, quero poder dizer que corri bem e que completei a corrida. Assim, continuo buscando aprender o que significa ter um coração segundo meu Mestre. A melhor parte é convidar outros no caminho para descobrir por si mesmos essa aventura de fé que é seguir nosso Senhor Jesus Cristo.

Ainda estou arrumando as palavras e criando as frases que, espero, possam expressar as lições que aprendi em minha vida. Creio que elas também contribuirão para a formação de meu legado. Aqui compartilho algumas delas com você ao encerrar esta obra:

- Capte uma visão de Deus operando no mundo (cheio de compaixão e amor pelo próximo).
- Recrute ou junte-se a uma equipe (estar sozinho no ministério não é bom).
- Cultive a atitude de servo (os maiores no reino são os que servem).
- Delegue autoridade com responsabilidade (encoraje outros líderes a participar).
- Seja um aprendiz ao longo da vida (sempre se pode ensinar ou aprender algo novo).
- Reconheça a essência do poder espiritual (dedique-se à Palavra, à oração e ao exercício da fé).
- Não minimize o poder do pecado no coração humano (um dia todos prestarão contas a Deus).
- Mantenha a prioridade no reino de Deus (busque em primeiro lugar a Deus e seu reino).

Referências bibliográficas

ARTHUR, Kay. *Como estudar sua Bíblia pelo método indutivo*. São Paulo: Vida, 1998.

BARRO, Jorge H. *Pastores livres: Libertando os pastores dos cativeiros ministeriais*. Londrina: Descoberta, 2013.

BLACKABY, Henry T.; KING, Claude V. *Conhecendo a Deus e fazendo sua vontade: Experiências com Deus*. São Paulo: Bompastor, 2018.

BLANCHARD, Ken; HODGES, Phil. *Lidere como Jesus: Lições do maior modelo de liderança de todos os tempos*. Rio de Janeiro: Thomas Nelson Brasil, 2020.

CAMBELL, Ross. *Como realmente amar seu filho*. São Paulo: Mundo Cristão, 2005.

CLINTON, J. Robert. *Etapas na vida de um líder*. Londrina: Descoberta, 2000.

COLEMAN, Robert. *Plano mestre de evangelismo*. São Paulo: Mundo Cristão, 1990.

DRESSNER, John M. *Se eu começasse meu ministério de novo: Instruções atemporais e sabedoria que transforma a vida*. Campinas: Cristã Unida, 1997.

DUEWEL, Wesley L. *Toque o mundo através da oração*. São Paulo: Candeia, 1996.

_____. *Em chamas para Deus*. São Paulo: Candeia, 1996.

Figueira, Danilo. *O fazedor de discípulos: Como o carpinteiro de Nazaré transformou homens insignificantes em líderes bem-sucedidos*. Ribeirão Preto: Selah Produções, 2014.

Finzel, Hans. *Dez erros que um líder não pode cometer*. São Paulo: Vida Nova, 1997.

Foster, Richard J. *Celebração da disciplina: O caminho do crescimento espiritual*. São Paulo: Vida, 1983.

Hoag, Gary. *A escolha: A busca pela vontade de Deus para o ministério*. Curitiba: Pão Diário, 2017.

Kraft, Dave. *Líderes que permanecem*. São Paulo: Vida Nova, 2013.

Kornfield, David. *Equipes de ministério que mudam o mundo: Oito características de uma equipe de alto rendimento*. São Paulo: Sepal, 2008.

_____. *O líder que brilha: Sete relacionamentos que levam à excelência*. São Paulo: Vida, 2007.

Lopes, Hernandes Dias. *De pastor a pastor: Princípios para ser um pastor segundo o coração de Deus*. São Paulo: Hagnos, 2008.

Maxwell, John C. *21 minutos de poder na vida de um líder: Descubra como alguns minutos por dia podem transformá-lo em um líder de sucesso*. Rio de Janeiro: Thomas Nelson Brasil, 2007.

_____. *As 21 irrefutáveis leis da liderança: Siga-as e as pessoas o seguirão*. São Paulo: Mundo Cristão, 2005.

PETERSON, Eugene. *O pastor segundo Deus: A integridade pastoral vista por vários ângulos*. São Paulo: Cultura Cristã, 2019.

RAVENHILL, Leonard. *Por que tarda o pleno avivamento?*. Curitiba: Betânia, 1989.

RUSSAW, Rick; SWANSON, Eric. *The Externally Focused Church*. Loveland: Group, 2004.

SHEETS, Dutch. *Oração intercessória: Como Deus pode usar suas orações para mover o Céu e Terra*. Rio de Janeiro: Luz às Nações, 2012.

STANLEY, Paul D.; CLINTON, J. Robert. *Connecting*. Colorado Springs: NavPress, 2014.

VAN DER MEER, Antonia Leonora. *O estudo bíblico indutivo*. São Paulo: ABU, 2005.

Sobre o autor

Douglas Everett Lamp (1956–2021) foi missionário da Sepal, ex-presidente da Ordem dos Pastores Evangélicos de Natal e colaborador da Missão ALEF. Nascido em Milwaukee, Wisconsin, nos EUA, conheceu sua futura esposa, Barbara, na Bolívia, em 1982, quando já eram missionários. O casal chegou ao Brasil em 1994, acompanhado dos três filhos. Desde 2012, viveram em Natal, no Rio Grande do Norte, congregando na Primeira Igreja Batista de Natal.

Compartilhe suas impressões de leitura,
mencionando o título da obra, pelo e-mail
opiniao-do-leitor@mundocristao.com.br
ou por nossas redes sociais

Esta obra foi composta com tipografia Calluna
e impressa em papel Pólen Natural 70 g/m² na gráfica Eskenazi